Veronika Struck, Doris Mols

Atem-Spiele
Anregungen für die Sprach-
und Stimmtherapie mit Kindern

Veronika Struck, Doris Mols

Atem-Spiele

Anregungen
für die Sprach- und
Stimmtherapie mit Kindern

 verlag modernes lernen - Dortmund

Wir bedanken uns herzlich bei Annelie Nolte, Bettina Krämer, Dorothea Struck, Helga Egelhofer, Sieglinde Schneider und Resi Heitwerth für ihre Anregungen und Unterstützung bei der Entstehung dieses Buches.

Ein besonderes Dankeschön an unsere Fotomodelle Simon, Anna, Laurenz, Matthias, Johannes und Jacoba.

© 1998 verlag modernes lernen, Borgmann KG, D - 44139 Dortmund

4. Aufl. 2002

Herstellung: Löer Druck GmbH, 44139 Dortmund

Fotos: Jochen Steppacher

Titelillustration und Konzeption: Dorothea Struck und Doris Mols

Zeichnungen: Bettina Krämer, Doris Mols, Veronika Struck

Bestell-Nr. 1911   ISBN 3-8080-0420-7

Urheberrecht beachten!
Alle Rechte der Wiedergabe, auch auszugsweise und in jeder Form, liegen beim Verlag. Mit der Zahlung des Kaufpreises verpflichtet sich der Eigentümer des Werkes, unter Ausschluß des § 53, 1-3, UrhG., keine Vervielfältigungen, Fotokopien, Übersetzungen, Mikroverfilmungen und keine elektronische, optische Speicherung und Verarbeitung, auch für den privaten Gebrauch oder Zwecke der Unterrichtsgestaltung, ohne schriftliche Genehmigung durch den Verlag anzufertigen. Er hat auch dafür Sorge zu tragen, daß dies nicht durch Dritte geschieht.

Zuwiderhandlungen werden strafrechtlich verfolgt und berechtigen den Verlag zu Schadenersatzforderungen.

Inhalt

Einleitung	11
I. Atmung	13

1. Brustkorb und Lunge — 13

1.1	Aufbau	14
1.2	Funktion	14
1.3	Ausatmung	14
1.4	Pause	14
1.5	Einatmung	15

2. Zwerchfell — 15

2.1	Aufbau	16
2.2	Funktion	16
2.3	Ausatmung	16
2.4	Pause	16
2.5	Einatmung	16

3. Atem- und Atemhilfsmuskeln — 17

3.1	Einatemmuskeln	17
3.2	Einatemhilfsmuskeln	17
3.3	Ausatemmuskeln	17

4. Der Weg der Einatemluft — 18

4.1	Nase	18
4.2	Nasenmuscheln	19
4.3	Nasennebenhöhlen	20
4.4	Riechschleimhaut	20
4.5	Lymphatischer Rachenring	22
4.6	Kehlkopf (Larynx)	22
4.7	Luftröhre	22
4.8	Bronchien	22
4.9	Lungenbläschen	22

5. Der Weg der Ausatemluft — 22

5.1	Bronchien	22
5.2	Luftröhre	23
5.3	Kehlkopf	23
5.4	Nasennebenhöhlen	23

6. Haltung und Atmung — 24

6.1	Haltung	24
6.2	Atmung	24
6.3	Die anpassungsfähige Haltung und Atmung	26
6.4	Haltung eines Flachrückens – Atmung beim Flachrücken	28
6.5	Haltung eines Rundrückens – Atmung beim Rundrücken	29
6.6	Haltung eines Hohlkreuzes – Atmung beim Hohlkreuz	30
6.7	Haltung eines hohlrunden Rückens – Atmung beim hohlrunden Rücken	31

6.8	Haltung und Atmung beim Sitzen in der Norm	32
6.9	Die falschen Belastungen beim Sitzen in Haltung und Atmung	32
6.10	Atmung beim Sitzen mit zu gerader Haltung	33
6.11	Atmung beim Sitzen bei zu schlaffer Haltung	33
6.12	Wechselbeziehung von Atmung und Haltung	33

7. Atemfunktionen — 35

7.1. Graphik zu Ein- und Ausatemfunktionen — 35

7.2 Die Einatemfunktionen — 36

7.2.1	Riechen	36
7.2.2	Schnuppern	39
7.2.3	Schnüffeln	40
7.2.4	Schniefen	40
7.2.5	Schlürfen	40
7.2.6	Einsaugen	41
7.2.7	Ansaugen	42

7.3 Die Ausatemfunktionen — 43

7.3.1	Schnauben	43
7.3.2	Schneuzen	44
7.3.3	Pusten	44
7.3.4	Blasen	46
7.3.5	Hauchen	48
7.3.6	Sprechen	48
7.3.7	Summen	49
7.3.8	Singen	49

II. Mundatmung als Fehlatmung — 51

1. organisch bedingte und habituell erworbene Mundatmung — 52

1.1	Die Mundatmung und ihre Auswirkungen auf den gesamten Organismus	55
1.2	Die Mundatmung und ihre Auswirkungen auf die Atmungsorgane	57
1.3	Die Mundatmung und ihre Auswirkungen auf den äußeren Mundbereich (perioral)	59
1.4	Die Mundatmung und ihre Auswirkungen auf den Mundinnenraum (intraoral)	61
1.5	Die habituell erworbene Mundatmung und ihre Auswirkungen auf den gesamten Körper	63
1.6	Vergleich von Nasen- und Mundatmung bezogen auf den Mundraum	64

2. Schautafeln zur Problematik einer hartnäckigen Mundatmung — 65

2.1	Mundatmung und ihre Folgen **Adenoid face**	67
2.2	Mundatmung und ihre Folgen **Lippeninkompetenz**	69
2.3	Mundatmung und ihre Folgen **Nasenfunktionsstörung**	71
2.4	Mundatmung und ihre Folgen **Hörprobleme**	73
2.5	Mundatmung und ihre Folgen **Mundmuskelfunktionsstörung**	75

III. Die Behandlung der Mundatmung 76
   – praktischer Teil –

1. Untersuchung und Therapie der Mundatmung bei einem
   Hals-Nasen-Ohrenarzt 77
   1.1   HNO-ärztliche Untersuchung 77
   1.2   Die Überprüfung der Nasendurchlässigkeit 77
   1.3   Beseitigung der Primärursachen und die „Gewohnheiten"
         einer dauerhaften Mundatmung 77

2. Untersuchungsmethoden in der Sprachtherapie 77
   2.1   Nasendurchlässigkeitsprüfung 77
   2.2   Überprüfung des Mundschlusses 77

3. Konsequenz bei Fehlatmung 78
   3.1   Aktivierung der Nasenatmung 78
   3.2   Natürlicher Mundschluß 78
   3.3   Dauerhafter Mundschluß 79
   3.4   Dauerhafter Mundschluß bei Bewegung 79

4. Vorbereitende Spiele und Übungen zur Aktivierung von
   Nase und Mundschluß 79
   4.1   Nasenwahrnehmungsübungen 79
   4.1.1 Spiele zur Nasenwahrnehmung 79
   4.1.2 Nasenmassage I. 80
   4.1.3 Nasenmassage II. 82
   4.1.4 Schlittenfahrt 83
   4.1.5 Aufräumen 83
   4.1.6 Seehund im Zoo 83
   4.1.7 Wer ist da? 83

   4.2   Geschichten zur Nasenwahrnehmung 84
   4.2.1 Die Nase, die sich langweilte 84
   4.2.2 Die Geschichte der kräftigen Nasenritter 85
   4.2.3 Geschichte vom Riechen und erforschen deiner Nase 86

   4.3   Elternmitarbeit 87
   4.4   Spiele, die einen natürlichen Mundschluß fordern 87
   4.5   Übungen, die zu einem dauerhaften Mundschluß führen 88
   4.6   Dauerhafter Mundschluß bei Bewegung 90

IV. Ein- und ausatembetonte Spiele 91

1. Methodische Hinweise 91
   1.1   Methodische Hinweise zu den einatembetonten Spielen 91
   1.2   Methodische Hinweise zu den ausatembetonten Spielen 92
   1.3   Methodische Hinweise zu den Pausenfunktionen 94
   1.4   Rhythmische Stundengestaltung 95
   1.5   Körperhaltung bei den Atemspielen 95

2.	**Die Spiele**	98
2.1	Konzept der Spiele	98
2.2	Durchführung der Spiele	98

3.	**Einatemspiele**	
3.1	**Riechen**	100
3.1.1	Methodische Hinweise zu den Riechspielen	101
3.1.2	Duftvorschläge	102
3.1.3	Riechmaterialien	103
3.2	**Riech-Spiele**	
3.2.1	Riechkissen	104
3.2.2	An der Nase herumführen	105
3.2.3	Riech- oder Duftperlen	107
3.2.4	Duftpflaster	109
3.2.5	Nasendetektiv	110
3.2.6	Was riecht denn da?	111
3.2.7	Feines Näschen	113
3.2.8	Riechspiel	114
3.2.9	Schnüffelspiel	115
3.2.10	Riech-Lotto	116
3.2.11	Riech-Raten	117
3.2.12	Duftspuren	118
3.3	**Saugen**	119
3.3.1	Möglichkeiten das Saugen zu erlernen	120
3.3.2	Materialien für die Saug-Spiele	121
3.7	**Einsaug-Spiele**	
3.7.1	Fäden einsaugen	122
3.7.2	Anglerglück	123
3.7.3	Tierschwänze einsaugen	125
3.8	**Ansaug-Spiele**	
3.8.1	Erbsen ansaugen	126
3.8.2	Kofferpacken	127
3.8.3	Staubsaugerspiel	129
3.8.4	Ansaugen und Wegstoßen	131
3.8.5	Memory	133
3.8.6	Saug-Memory	134
3.8.7	Buchstaben ansaugen	135
3.8.8	Nasensauger	137
3.8.9	Filterpapier-Memory	138
3.8.10	Ratespiel	139
3.8.11	Was versteckt sich da?	141

4.	**Ausatemspiele**	
4.1	**Pusten**	142
4.1.1	Materialien für die Puste-Spiele	144

4.2	**Puste-Spiele**	
4.2.**1**	Kirschkern-Pflaumenkernspucken	145
4.2.**2**	Streichholzschachtel-Pusten	146
4.2.**3**	Pusten	147
4.2.**4**	Gespensterchen	148
4.2.**5**	Trinkhalm-Pusten	149
4.2.**6**	Zielpusten	150
4.2.**7**	Schlangen-Pusten	151
4.2.**8**	Auf zur Schatzinsel	152
4.2.**9**	Zielschießen	153
4.2.**10**	Löwenjagd	155
4.2.**11**	Luftwirbel	157
4.2.**12**	Buntstiftrennen	158
4.2.**13**	Filmrollen-Pusten	159
4.2.**14**	Walnußschalenrennen	161
4.2.**15**	Pusteschiene	163
4.2.**16**	Paletten-Pusten	164
4.2.**17**	Zielscheibe	165
4.2.**18**	Schiefe Ebene	167
4.3	**Blasen**	168
4.3.1	Materialien für die Blas-Spiele	170
4.4	**Blas-Spiele**	
4.4.**1**	Springbrunnen	173
4.4.**2**	Seifenblasen-Spiel	174
4.4.**3**	Tanzender Clown	175
4.4.**4**	Himmel und Hölle	176
4.4.**5**	Seilbahn	177
4.4.**6**	Ball blasen	179
4.4.**7**	Schatzsuche	181
4.4.**8**	Das magische Papier	183
4.5	**Schneuzen**	185
4.5.1	Materialien für die Schneuz-Spiele	186
4.6	**Schneuz-Spiele**	
4.6.**1**	Nasenspielereien	187
4.6.**2**	Nasenstüber	189
4.6.**3**	Sesam schneuzen	190
4.6.**4**	Schmetterlinge schneuzen	191
4.6.**5**	Propeller-Spiel	192
4.7	**Stimm-Spiele**	193
4.7.1	Methodische Hinweise zu den Stimm-Spielen	194
4.8	**Stimm-Spiele**	
4.8.**1**	Karussel fahren	195
4.8.**2**	Farbenschlangen malen	196
4.8.**3**	Schlangentraum	197

4.8.4	Schlafende Hasen	198
4.8.5	Fliegender Teppich	199
4.8.6	Besuch auf dem Land	200
4.8.7	Balance	201
4.8.8	Honig sammeln	203
4.8.9	Tierstimmen-Wettspiel	205
4.8.10	Echospiel	206
4.8.11	Tönende Schritte	207

5. Therapieverläufe – Stundenprotokolle   208

5.1	Stundenverlauf bei einer multiplen Dyslalie	208
5.2	Stundenverlauf bei einem offenen Näseln	209
5.3	Stundenverlauf bei einer myofunktionellen Störung	211
5.4	Stundenverlauf bei einer kindlichen Stimmstörung	212
5.5	Stundenverlauf bei einer Stottersymptomatik	214

6. Anhang

6.1	**Kopiervorlagen und Anleitungen zu den Materialbögen**	215
6.1.1	Was versteckt sich da?	217
6.1.2	Mundformen	225
6.1.3	Schatzinsel	227
6.1.4	Luftwirbel	229
6.1.5	Pusteschiene	233
6.1.6	Lochtafel	235
6.1.7	Farbenschlangen und Schlangentraum	237
6.1.8	Schlafende Hasen	239
6.1.9	Gras	241
6.1.10	Honig sammeln (Biene)	243
6.1.11	Honig sammeln (Blumen)	245
6.1.12	Tierstimmen-Wettspiel (Tiere)	247
6.1.13	Tierwürfel	249
6.1.14	Echospiel (Wortkarten)	251
6.1.15	Mundschlußtabelle	253
6.1.16	Mundschlußtraining	255

7. Literaturverzeichnis   256

Einleitung

Probleme mit der Atmung werden in der heutigen Zeit immer auffälliger. Bereits Vorschulkinder weisen pathologische Atemformen auf. Im sprachtherapeutischen Alltag nehmen nicht nur die Probleme der Sprachauffälligkeiten, sondern auch die der hartnäckigen Mundatmung zu.

Beatriz A.E. Padovan[1] schreibt: „Man könnte glauben, das Problem der Mundatmung sei gelöst, wenn nur die 'direkte' Ursache, nämlich die Adenoide und oder die Tonsillen entfernt würden. In der Tat ist dabei der Hauptteil erledigt worden. Wenn aber die Atmung nicht umgestellt und die Muskulatur nicht 'umgeschult' wird, persistiert das Problem als 'Restgewohnheit'."

Dieses Buch zeigt einmal die Wichtigkeit der natürlichen Nasenatmung, zum anderen die Pathologie der Mundatmung auf. Im sprachtherapeutischen Alltag kann dieses Wissen neue Einsichten im Umgang mit diesen Störungsbildern geben.
Im ersten Teil dieses Buches wird die Bedeutung einer natürlichen Nasenatmung und die Verbindung von Haltung und Atmung aufgezeigt. Die Problematik einer hartnäckigen Mundatmung mit all ihren Symptomen wird verständlich vermittelt.
In übersichtlichen Schautafeln wird die Problematik einer hartnäckigen Mundatmung dargestellt, so daß auch Eltern für die Bedeutung einer Nasenatmung sensibilisiert werden können. Aufklärung bedeutet mehr Verständnis und Unterstützung von Seiten der Eltern. Die Eltern sind motivierter und einsichtiger und können die Sprachtherapie besser unterstützen.
Im zweiten Teil dieses Buches sind zahlreiche Spielideen zusammengetragen, die eine natürliche Atemweise anregen und trainieren.
Alle Spiele benötigen keine große Vorbereitungszeit. Sie sind verständlich erklärt und teilweise mit einem Foto oder einer Zeichnung versehen. Ziele, Variationen und Problemquellen werden für jedes Spiel benannt und sind auf *einer* Seite zu finden.
Das Buch ist mit farbigen Randstreifen versehen. Es ermöglicht das sofortige Auffinden eines Spieles. Die Spiele wurden in ein- und ausatembetonte Spiele geordnet.
Die **rote** Farbe steht für **Riech-Spiele**, die **grüne** Farbe für **Saug-Spiele**, die **gelbe** Farbe für **Puste-Spiele**, die **blaue** Farbe für **Blas-Spiele** und die **weiße** Farbe für die **Stimm-Spiele**.
Am Ende des Buches befinden sich Materialbögen, die für mehrere Spiele eingesetzt werden können.
Allen Leserinnen und Lesern wünschen wir bei der Arbeit viel Spaß und Anregungen im Umgang mit den „kleinen Patienten".

---

[1] Siehe Literaturverzeichnis

I. Atmung

Vorrangig hat die Atmung die Aufgabe, den Körper mit lebenswichtigem Sauerstoff zu versorgen und das entstandene Kohlendioxyd abzutransportieren. Dieser Vorgang wird vom Atemzentrum (pons und medulla oblongata) automatisch gesteuert und reguliert.

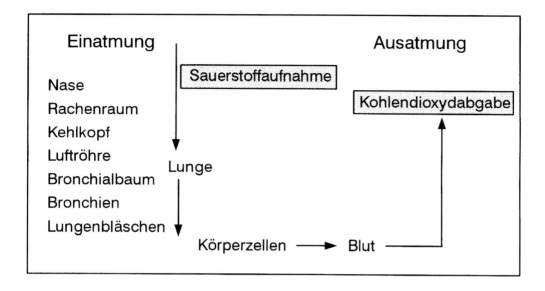

Für eine ausführliche Darstellung der Atmung sei auf entsprechende anatomische und physiologische Lehrbücher verwiesen.
Zum Verständnis und Umgang mit den Atemspielen und dem Problem der Mundatmung in diesem Buch werden folgende Organe und Muskeln in ihrem Aufbau und in ihrer Funktion betrachtet: Der Brustkorb, die Lunge, das Zwerchfell, die Atemhilfsmuskulatur und die Nase. Es wird der Weg der Atemluft, die Atembewegung und die Gleichberechtigung aller Atemphasen in ihrem ineinandergreifenden Zusammenspiel gezeigt.

1. Brustkorb und Lunge

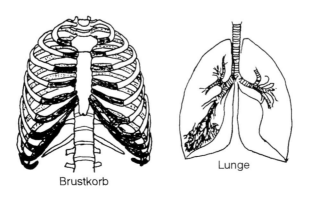

1.1 Aufbau

Der Brustkorb besteht aus zwölf Rippenbögenpaaren, die durch ein Gelenk mit der Wirbelsäule verbunden sind. Sieben Paare davon enden vorne am Brustbein. Die fünf unteren Paare stehen nur indirekt oder überhaupt nicht mit dem Brustbein in Verbindung. Zwischen den Rippen befinden sich die schräg verlaufenden Zwischenrippenmuskeln (Mm. intercostalis interni und externi). Die Anordnung von Brustkorb und Muskeln kommt den funktionalen Anforderungen der Beweglichkeit des Menschen und der Atembewegung entgegen (Beugungen, seitliche Dehnungen...).

Die Lunge befindet sich innerhalb des schützenden Brustkorbes. Sie teilt sich in zwei unterschiedlich große Lungenflügel auf. Rechts besteht sie aus drei und links aus zwei Lappen. Der Bronchialbaum ist über die Luftröhre mit dem Kehlkopf nach oben verbunden. Er ragt nach unten in die beiden Lungenflügel hinein und verzweigt sich in immer kleinere Organ- und Funktionseinheiten, bis schließlich die Lungenalveolen erreicht sind. Das gesamte Lungengewebe ist mit Bindegewebe durchsetzt. So entsteht eine starke, elastische Gewebsspannung, die ein Zusammenfallen der Alveolarräume verhindert. Die Lungenflügel befinden sich in einer Art Sack (Pleura), der am Brustkorb befestigt ist. Dieser Sack hat eine doppelte Wandung, die die Verschiebungen und die Beweglichkeit der Lunge ermöglicht.

1.2 Funktion

Bei der Atmung findet eine rhythmische Ausdehnung und Zusammenziehung des Lungengewebes statt. Die Hauptaufgabe der Lunge besteht im Gasaustausch zwischen Atemluft und Blut.

Mit der Brustkorbatmung wird ein Drittel des Atemvolumens befördert. In natürlicher, ruhiger Atmung wird nur durch die Zwerchfellbewegung und die unteren Mm. intercostalis externi die rhythmische Ventilationsbewegung aufrecht erhalten.

1.3 Ausatmung

Bei der Ausatmung entspannen und verengen sich die äußeren Zwischenrippenmuskeln (Mm. intercostalies externi). Der Brustkorb wird passiv gesenkt, die Rippen und das Brustbein sinken ein. Bei tiefer Ausatmung (lange Sprechphasen) spannen sich die inneren Zwischenrippenmuskeln (Mm. intercostales interni) an. Die Bauch- und Rumpfmuskeln sinken elastisch ein, ohne anzuspannen. Das Lungengewebe zieht sich elastisch zusammen. Die mit Kohlendioxyd angereicherte Luft verläßt über den unteren Luftweg (Bronchien, Luftröhre und Kehlkopf) und oberen Luftweg (Schlund, Mund oder Nase) den Organismus.

1.4 Atempause

Bevor eine erneute Einatmung erfolgt, löst sich die Spannung in der Zwischenrippenmuskulatur, Bauch- und Rumpfmuskulatur, im Zwerchfell und im Lungengewebe. Das Brustbein sinkt weiter passiv ab. Dadurch entsteht eine kurze Pause, bevor eine Einatembewegung wieder beginnt. Die Dauer einer Atempause ist abhängig davon, wie die vorausgegangene Ausatmung beendet wurde. **Pause bedeutet keinesfalls „Stillstand"**, denn in dieser Atempause laufen die Vorbereitungen für eine erneute Einatmung. Dieser Atempause sollte die notwendige Beachtung geschenkt werden. Ist das nicht der Fall, so verändert sich ein natürlicher Atemablauf und kann den Organismus schädigen.

1.5 Einatmung

Bei der Einatmung spannen sich die äußeren Zwischenrippenmuskeln (Mm. intercostalis externi) an und heben den Brustkorb und das Brustbein. Die Brusthöhle weitet sich dabei seitlich. Die inneren Zwischenrippenmuskeln (Mm. intercostales interni) entspannen sich. Die Bauch- und Rumpfmuskeln wölben sich elastisch nach außen. Das Zwerchfell senkt sich ab, es kommt zu einer Erweiterung des Brustraumes. Die Luft strömt in beide Lungenflügel. In der Lunge entsteht ein Unterdruck. Dieser und die zentrale Steuerung (Atemzentrum) machen es möglich, daß die Luft nahezu mühelos in den Körper einströmen kann. Es entsteht der Eindruck einer passiven Einatmung.

2. Das Zwerchfell

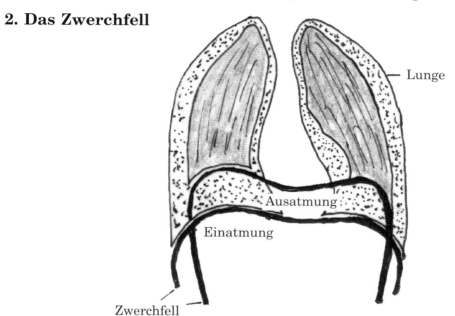

Zwerchfellatmung (nach Spalteholz / Handatlas der Anatomie des Menschen 1959/60; verändert)

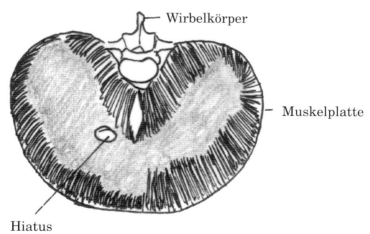

Das Zwerchfell von oben gesehen (nach V. Hayek, Die menschliche Lunge, 1953 Springer-Verlag Heidelberg; verändert)

2.1 Aufbau

Das Zwerchfell (Diaphragma) ist eine Muskelplatte (quergestreifte Muskelbündel), die den Brust- vom Bauchraum trennt (das Wort Zwerchfell kommt von zwerch = quer, schräg). Die Muskelplatte entspringt am unteren Ende des Brustkorbrandes und der Lendenwirbelsäule. Alle Muskelbündel laufen zu einer doppelkuppelförmigen Muskelplatte zusammen. Zwischen beiden Kuppeln entsteht eine Einsenkung, auf der das Herz ruht. Im Zentrum des Zwerchfells befinden sich Öffnungen für den Durchtritt der Leitungsbahnen (Vena cava, Hiatus oesophagus und Hiatus aorticus). Die Vorstellung, das Zwerchfell sei ein gespanntes Tuch (Sprungtuch bei der Feuerwehr), kann bei den Übungen und Spielen hilfreich sein, da das Zwerchfell selbst als Muskel nicht spürbar und tastbar ist. Die Bewegungen, die es ausführt, sind fühlbar, das Zwerchfell jedoch selbst nicht.

2.2 Funktion

Das Zwerchfell ist der Hauptatemmuskel und hat die Aufgabe den Atemraum in der Einatmung zu vergrößern. Vom Atemzentrum im Gehirn (Medulla oblongata) erhält das Zwerchfell einen Impuls, sich zusammenzuziehen. Die beiden Zwerchfellkuppeln flachen ab. Die Lungenenden, die sich direkt über dem Zwerchfell befinden, werden nach unten gezogen und vergrößern sich. Mit Hilfe des Zwerchfells werden zwei Drittel des Atemvolumens bewegt.

2.3 Ausatmung

Nach Beendigung der Zwerchfellkontraktion erfolgt die Ausatmung. Diese erreichte Zwerchfellspannung bleibt während der Ausatemphase elastisch, während sich die Zwerchfellkuppel nach oben wölbt. Die Luft strömt aus und kann entweder in Stimme und Sprachlaute umgewandelt werden, oder sie entweicht geräuschlos über die Nase.

2.4 Atempause

In der Atempause ruht das Zwerchfell gelöst in der Mittellage. Die Muskelanspannung im Zwerchfell und in der Zwischenrippenmuskulatur nimmt ab, bevor ein erneuter Einatemimpuls folgt. Die Dauer dieser Atempause ist davon abhängig, wie die vorausgegangene Ausatmung verlief und welchen Sauerstoffbedarf der Organsimus benötigt. Dieser Atempause sollte die nötige Aufmerksamkeit geschenkt werden, um einen natürlichen und gesunden Atemablauf zu gewährleisten. Bei allen Spielen sollte deshalb auf eine Atempause geachtet werden. Kommt die Atempause über einen längeren Zeitraum zu kurz: es wird zu schnell immer wieder eingeatmet (hyperventiliert). Es entsteht eine Überversorgung des Organismus mit Sauerstoff. Der Körper reagiert mit Kribbeln in den Händen oder es wird einem ganz „schwarz vor Augen".

2.5 Einatmung

Mit der Einatmung flacht die Zwerchfellkuppel ab und senkt sich. Im Bauchraum entsteht eine Weite. Das Zwerchfell drückt bei seiner Kontraktion auf die Bauchorgane. Sie weichen in alle Richtungen aus. Die Einatmung erfolgt nicht willkürlich. Im Atemzentrum des Gehirns wird der Sauerstoffgehalt des Blutes gemessen. Braucht der Organismus Sauerstoff kommt es zur Zusammenziehung des Zwerchfellmuskels und die Luft strömt in den Brustraum. Die Intensität einer Einatmung ist also davon abhängig, wieviel Sauerstoff der Organismus benötigt. Entscheidend für den körperlichen Bedarf an Sauerstoff ist die Körperhaltung und die Tätigkeit.

3. Atem- und Atemhilfsmuskeln

3.1 Einatemmuskeln
Zu den Einatemmuskeln zählen das Zwerchfell (s.o.) und die äußeren Zwischenrippenmuskeln (Mm. intercostales externi). Die Muskelfasern des Mm. intercostales externi laufen nach schräg abwärts und vorwärts (jeweils von der oberen zur darunter gelegenen Rippe). Gegen die Wirbelsäule wird der Muskel dicker und endet in der Gegend des Wirbelquerfortsatzes. Weitere Einatemmuskeln sind nach Hilla Ehrenberg (in dem Buch: Atemtherapie Seite 42) die Treppenmuskeln (Mm. scaleni) und die Muskeln des Mundbodens.

3.2 Einatemhilfsmuskeln
Die Einatemhilfsmuskulatur wird eingesetzt, wenn durch Krankheit oder Alter, die gesunden, natürlichen Atemfunktionen nicht mehr erbracht werden können z.B. bei besonderen emotionalen oder körperlichen Aktivitäten. Zu den Atemhilfsmuskeln gehören die Kopfwender, die großen und kleinen Brustmuskeln, die hinteren oberen und vorderen Sägemuskeln und die Schultergürtelmuskeln. Sie sollten jedoch bei normalem Sprechen ihre Arbeit wieder reduzieren können. Für die Atmung beim Sprechen und Singen hat sich als wichtig erwiesen, daß nicht hauptsächlich die Atemhilfsmuskeln aktiv werden.

3.3 Ausatemmuskeln
Zu den Ausatemmuskeln gehören die inneren Zwischenrippenmuskeln (Mm. intercostales interni). Ihre Muskelfasern verlaufen schräg nach unten und rückwärts von der oberen zur jeweils darunter gelegenen Rippe. Diese ziehen sich von den vorderen Teilen des Intercostalraumes bis zum hinteren Rippenwinkel an der Wirbelsäule. Zu den Ausatemmuskeln zählen weiterhin die äußeren schrägen, die inneren, die geraden und queren Bauchmuskeln und ebenso die hinteren unteren und tiefen Rückenmuskeln.

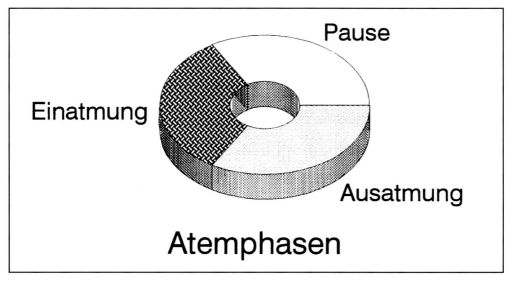

Die in dieser Graphik aufgezeigten Atemphasen veranschaulichen die gleichberechtigte Bedeutung aller drei Phasen für den Organismus.

4. Der Weg der Einatemluft

4.1 Nase

Die Nase erfüllt drei Organfunktionen: Atmungs- Riech- und Resonanzfunktionen. Eine natürliche Nasenatmung ist entscheidend für eine optimale körperliche Entwicklung des Menschen.

Die Beweglichkeit der äußeren Nase wird durch mehrere Muskelgruppen erreicht. Der M. nasalis (**Pars transversa**) (1) zieht die Nasenflügel abwärts und nach hinten, er verkleinert das Nasenloch. Der M. nasalis (**Pars alaris**) (2) bewegt die Nasenflügel und der **M. depressor septi** (3) senkt die Nasenspitze. Der **M. levator labii superioris alaeque nasi** (4) zieht die Nasenflügel und Oberlippe nach oben und weitet die Nasenöffnungen.

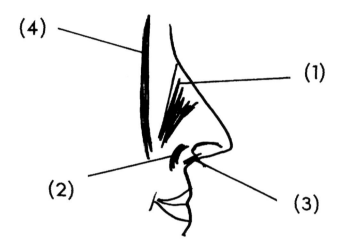

Die Form der Nase, die Stellung der Nasenflügel und die Art der Verengung des Nasenganges haben Einfluß auf den Luftstrom beim Atmen. Der Widerstand durch die Nase verlangsamt die Einatemluft und führt zu einer physiologischen Verengung (Stenose). Der Sog und Unterdruck im Brustkorb wird erhöht. Das Zwerchfell benötigt diesen Einatmungswiderstand, um eine optimale Kontraktion auszuführen.

Die **Nasenscheidewand** (Nasenseptum) teilt die Nasenhöhle in eine rechte und in eine linke Hälfte.

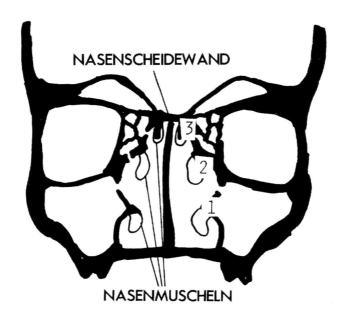

4.2 Nasenmuscheln
Auf jeder Seite ragen drei (in der Zeichnung als 1 - 2 - 3 gekennzeichnet) dünne, gewellte Knochenplatten in den freien Nasenraum hinein. Sie liegen stockwerkartig übereinander und sind mit Schleimhaut (respiratorisches Epithel mit Flimmerhärchen) ausgekleidet: die **Nasenmuscheln** dienen einer Oberflächenvergrößerung.

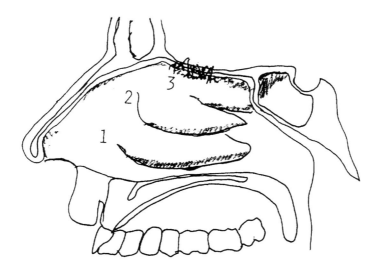

Längsschnitt des Nasen-Rachen-Raumes

4.3 Nasennebenhöhlen

Zwischen den Nasenmuscheln bleiben schmale, gewundene Durchgänge frei. Sie führen in die Nebenhöhlen (Stirnhöhle, Oberkieferhöhle, Siebbeinhöhle und Keilbeinhöhle). Bei einer natürlichen Atmung durch die Nase streicht die Luft ein. Die Strömungsgeschwindigkeit, sowie die Richtung der Atemluft in die angrenzenden Hohlräume sind für die Erwärmung, Säuberung und Anfeuchtung der Atemluft wesentlich. Im folgenden werden die Siebbeinhöhle und die Keilbeinhöhle **Nasennebenhöhlen** genannt.

Bei kalter Luft und angeregter Atmung ist das Eindringen der Atemluft in die Nase und die **Nasennebenhöhlen** deutlich spürbar. Die Einatemluft trifft an der ersten Körperhöhle, in die sie eindringt, auf einen sehr zweckmäßig gebauten Widerstand. Die Einatemluft wird „gebremst", da sie in einen Irrgarten von gewundenen, schmalen Gängen gelangt. Die Richtung der Luft wird dadurch vielfach geändert was die Geschwindigkeit stark verlangsamt. Durch diese Verlangsamung der Luftströmung wird Zeit gewonnen, um die einzuatmende Luft zu erwärmen, zu befeuchten und sie von Schmutz und Bakterien zu säubern. Die **Nasenschleimhaut** braucht diesen ständigen Luftreiz. **Sobald sie nicht mehr genügend belüftet wird, erkrankt sie.**

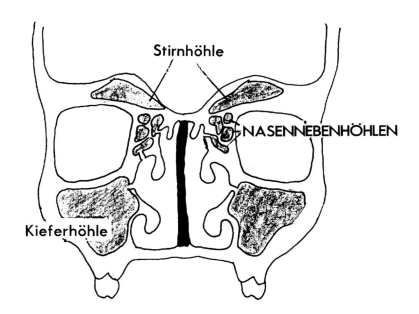

4.4 Riechschleimhaut

Die Einatemluft strömt vom unteren Naseneingang nach oben ein und streicht an dem Riechareal (Regio olfaktoria) im oberen Nasenbereich (Siebbein) vorbei, um hierbei die Geruchsqualitäten der Einatemluft wahrzunehmen und zu identifizieren.

Mit jedem Atemzug nehmen wir feinste Informationen aus unserer Umwelt auf. Etwa in Höhe der Augen sitzt beidseitig ein insgesamt zwei mal fünf cm2 (Größe eines Fünf-Pfennig-Stückes) großes Riechschleimhautfeld. Die **Riechschleimhaut** ist die einzige Stelle im menschlichen Organismus, an der das Zentralnervensystem offen liegt und somit direkten Kontakt zur „Außenwelt" hat (die Zellen der **Riechschleimhaut** sind Gehirnzellen). Insgesamt sind es etwa zehn Millionen Riechzellen. Sie sind mit einem dünnen Schleimfilm überzogen, welcher sich alle 28 Tage erneuert. Die Geruchsteilchen, die mit der Atemluft herangewirbelt werden, lösen sich an der Oberfläche der **Riechschleimhaut** auf, ehe sie auf die Riechzellen einwirken können. Diese Riechzellen sind mit einer feinen Schicht von Phosphorfetten (Lipoiden) und darüber mit einer Schleimschicht zugedeckt, durch welche alle Geruchsstoffe hindurchtreten müssen. Geruchsteilchen, deren Anzahl nicht ausreicht, um einen Geruchseindruck hervorzubringen, werden vermutlich im Nasenschleim angereichert und führen dann doch noch zu einer Geruchsempfindung.

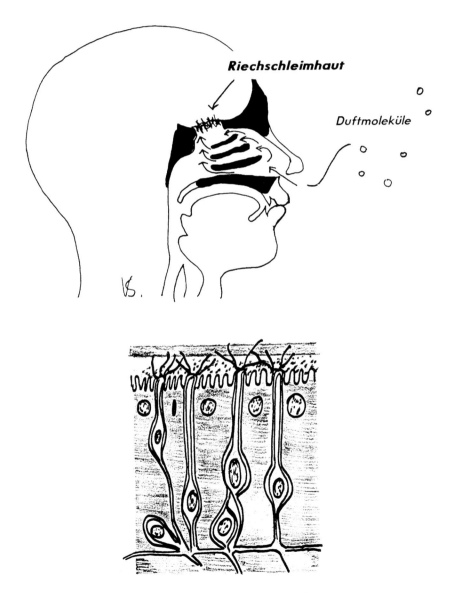

Riechschleimhaut vergrößert

4.5 Der lymphatische Rachenring

Im Übergang von Nase zur Mundhöhle: dem Pharynx (Rachen) befinden sich im oberen Bereich die Rachenmandel (tonsilla pharyngea) und die Tubenmandel (tonsilla tubaria), im Mundbereich die Gaumenmandeln (tonsillae palatinae) und die Zungenmandel (tonsilla lingualis). Es sind lymphatische Organe. Sie dienen der Infektionsabwehr. Dieser sogenannte lymphatische Rachenring ist beim Kind vier Mal so stark ausgebildet wie beim Erwachsenen. DasAnschwellen des lymphatischen Gewebes durch chronisch entzündliche Prozesse (zum Beispiel der Rachenmandel) führt zur Verengung im Nasenrachenraum und behindert eine natürliche Nasenatmung. Oft setzt dann Mundatmung ein und wird zu einer Gewohnheit.

4.6 Kehlkopf (Larynx)

Das wichtigste Organ für die Stimm- und Sprachbildung des Menschen ist der Kehlkopf. In der Einatmung senkt sich der Kehlkopf, dadurch öffnen sich die beiden Stimmbänder, um der hindurchströmenden Luft den Weg in die Lungen zu ermöglichen. Des weiteren kann der Kehlkopf den Zugang zur Luftröhre vor eindringenden Fremdkörpern augenblicklich versperren. Diese Unterbrechung des Atemweges kann durch Kehldeckel-, Taschenfalten- (die sogenannten Ersatzstimmbänder) und Stimmlippenverschluß geschehen. Sekrete und eingedrungene Fremdstoffe können durch einen Kehlverschluß hinausbefördert werden (Hustenstöße).

4.7 Luftröhre (Trachea)

Vom Kehlkopf strömt die Luft in die Luftröhre (Trachea). Die Trachea ist ein neun bis vierzehn Zentimeter langes mit elastischen Knorpelspangen versteiftes Rohr und ist je nach Bewegung anpassungsfähig. Am Ende teilt sie sich in zwei Hauptbronchien.

4.8 Bronchien

Die zwei Hauptbronchien teilen sich jeweils in einen rechten und linken „Ast", diese wiederum in zwei kleinere „Äste": in die immer enger werdenden Luftröhrchen (Bronchiolen). Viele feine Verästelungen enden in Millionen von winzigen luftballonähnlichen Lungenbläschen (Alveolen).

4.9 Lungenbläschen

Die Lungenbläschen sind von einem feinen Netz aus Blutgefäßen (Kapillarnetz) umgeben. In den Lungenbläschen findet der Gasaustausch (Zutransport von Sauerstoff und Abtransport von Kohlendioxyd) statt.

5. Der Weg der Ausatemluft

5.1 Bronchien

Nachdem der Sauerstoffaustausch (Zellatmung) in den Lungenbläschen stattgefunden hat, strömt die Ausatemluft wieder zurück. Das Zwerchfell als Hauptatemmuskel löst die Spannung. Es kommt zu einem Nachlassen der inspiratorischen Kräfte. Die Bauchwand sinkt einwärts, das Zwerchfell steigt nach oben (Streckung). Die Lunge zieht sich durch diesen Vorgang elastisch zusammen. Brustkorb und Brustbein kehren in ihre Ausgangslage zurück.

5.2 Luftröhre
Somit kann die Ausatemluft ungehindert durch die Luftröhre in den Kehlkopf strömen.

5.3 Kehlkopf
Dort trifft die Ausatemluft auf den ersten Widerstand, der ihr geboten wird. Bei der Phonation (Sprechen oder Singen) wird der austretende Luftstrom an dieser Stelle durch die Schwingung beider Stimmbänder zum Klang verarbeitet.

5.4 Nasennebenhöhlen
Strömt die Ausatemluft durch die Nase aus, so werden die Nasennebenhöhlen von Schmutz gereinigt. Die Flimmerhärchen bewegen sich immer nach außen hin. Die Schmutzpartikel werden aus der Nase entfernt.

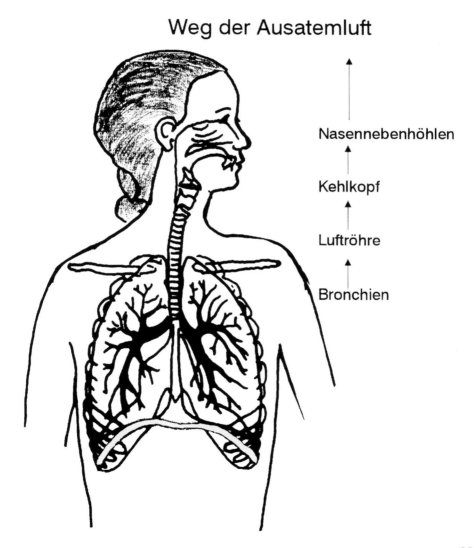
Weg der Ausatemluft

6. Haltung und Atmung

Haltung und Atmung beeinflussen sich gegenseitig. Um den Zusammenhang zu verdeutlichen, stellen wir sie bei einigen, wichtigen Fehlhaltungen vor (Haltung und Atmung getrennt).

6.1 Haltung

Nach einer Untersuchung von K.H. Berquet 1988 haben sich Haltungsschäden seit 1945 von 20% auf 40% erhöht.
Viele Kinder im Vorschul- und Grundschulalter bewegen sich zu wenig, sitzen zuviel oder falsch.
Diese falsche Sitzhaltung wird begünstigt, zum Beispiel durch:

- Bewegungsmangel (Fahrten mit dem Schulbus...)
- häufiges Sitzen vor dem Fernsehen,
- sitzunfreundliche Möbel
- festgelegte und unflexible Wohnungseinrichtungen (zu hohe Tische, Einbaumöbel.......)
- falsche Vorbilder durch Erwachsene mit ungesunden Haltungsgewohnheiten
- Zeitdruck: das Kind (Vorschulkind) wird im Buggy gefahren weil das Zeit spart. Anstatt das Kind eigenständig laufen zu lassen, wird ein Buggy benutzt.

Natürliche Impulse werden verhindert, die Muskulatur wird nicht gefordert und somit geschwächt. Es kommt zu Haltungsschwächen oder Haltungsschäden (ausgenommen sind die angeborenen Ursachen für Haltungsschäden). Die Behandlung von Haltungsschwächen und Haltungsschäden muß von Fachspezialisten z.B. Orthopäden und Krankengymnasten diagnostiziert und behandelt werden.
In diesem Buch zeigen wir keine Haltungsasymmetrien auf. Zum Beispiel Skoliose, neurologische Erkrankungen, wie Hemiplegie oder Cerebralparese. Ein asymmetrischer Stand bedingt viele Folgeerscheinungen.

6.2 Atmung

Eine Untersuchung bei Kindern über die vielseitigen Folgen der Atemschwäche, die mit Haltungsfehlformen einhergehen, ist uns nicht bekannt. Wir möchten darum auf die unökonomische Atemweise, die schon im Vor- und Grundschulalter durch falschen Gebrauch eingeübt wird, aufmerksam machen. Einige Ursachen, die zu diesem negativen Verhalten führen, sind:

- chronische Atemwegserkrankungen, wie chronische Bronchitis, Asthma...
- Dauerschnupfen (heute als Normalität vergesellschaftet)
- falsche Atemweise, z.B. Schnappatmung beim Sprechen, hörbares Luftholen bei Erwachsenen (Vorbildfunktion)
- offene Mundhaltung bei Medienakteuren in den visuellen Medien (Fernsehen, Zeitung, Plakate) ebenso Vorbildfunktion
- Spielzeug-Puppen mit offener Mundhaltung sind „modern"

Die Symptome einer falschen Atemweise werden zum Beispiel durch Atemgeräusche, offene Mundhaltung oder durch fehlende Vitalität hör- oder sichtbar. Die Veränderung beginnt schleichend, fällt zunächst kaum auf und wird erst spät als ernstzunehmende Fehlfunktion wahrgenommen (S. 51).
Bei Haltungsasymmetrien (siehe Kapitel: Haltung) zeigt sich dementsprechend eine veränderte Atemweise.
Wie sich Haltungsschwäche und unökonomische Atemweise äußern, bzw. gegenseitig bedingen, soll im Folgenden an einigen Beispielen dargestellt werden.

Auffällig: offene Mundhaltung (OMH) des Kindes und ihrer Puppen

6.3 Die anpassungsfähige Haltung und Atmung in der Norm

Haltung ist ein Spiel mit dem Gleichgewicht. Der Körper ist flexibel aufgerichtet und in sich schwingend, um jederzeit angemessen auf alles von außen kommende reagieren zu können.

Der bewegliche Aufbau des Körpers im Stand:
Die Funktion der Fußmuskeln bedingt die Stellung der Beine. Die Beine sind die beweglichen Tragpfeiler des Beckens. Kopf, Brust und Becken sind die weiteren Bausteine der senkrechten Aufrichtung entgegen der Schwerkraft. Zwischen Becken und Kopf erstreckt sich die Wirbelsäule mit 24 gelenkig verbundenen Wirbelknochen.

Die zwölf Brustwirbelkörper tragen je ein Rippenpaar, unseren Brustkorb.
Der Schwerpunkt des Körpers, bei aufrechter Haltung im Stehen, liegt im Inneren des Beckens zwischen dem fünften Lendenwirbel und dem ersten Kreuzbeinwirbel. Jede Bewegung der Arme und Beine verschiebt die Lage des Schwerpunkts und verlangt einen Ausgleich des ganzen Halteapparats.

Ein ruhig stehender Mensch schwingt in minimaler Form immer über der Unterstützungsfläche, das sind die Füße im Stehen (und die Sitzknochen und Füße im Sitzen). Das Gleichgewicht muß immer neu hergestellt werden.
Ist der Brustkorb natürlich aufgerichtet und die Wirbelsäule in ihrer gesunden Krümmung, dann können die Muskeln ihre Funktionen natürlich ausführen, und es entsteht ein Bild, welches wir „gute Haltung" nennen.

„Gute Haltung" ist immer Bewegung !
Viel Bewegung ermöglicht Kindern eine natürliche Entwicklung in ihrer Aufrichtung.

Die Aufrichtung durchläuft vom Säuglingsalter bis zum Pubertätsalter viele Phasen. Immer ist eine Anpassung an die jeweilige Entwicklung der Muskulatur in der Aufrichtung und der Bewegung notwendig. In der Anfangsphase der Vertikalisierung gegen die Schwerkraft (Alter: ab zehn Monate) ist eine auffallende Hohlkreuzbildung im Bereich der Lendenwirbelsäule vorhanden. Der Bauch erscheint einem weit vorne. Durch die entwicklungsbedingte noch zu schwache Bauchdeckenmuskulatur und das starke Hohlkreuz ist der Körperschwerpunkt stärker nach vorn verlagert. Mit der Zeit verlagert sich der Schwerpunkt beim gesunden Kind wie oben beschrieben.

Die Atembewegung ist ein fein abgestimmtes Spiel von Kräften und Gegenkräften. Die Atemmuskeln (Zwerchfell, Zwischenrippenmuskeln, Brustmuskeln, Halsmuskeln, Nacken- und Bauchmuskeln), die Elastizität der Gewebe (Lungengewebe) und die Schwerkraft arbeiten miteinander.

Das Zwerchfell hat die Stellung eines „Dirigenten im Atemorchester". Kann das Zwerchfell sich nicht seiner Funktion und Aufgabe entsprechend bewegen, treten Fehler im „Atemkonzert" auf.

Bei optimaler Arbeit zieht sich das Zwerchfell in der Einatmung zusammen, dehnt sich in der Ausatmung und „schwingt" im Pausenzustand aus, bevor eine erneute Einatmung einsetzt.

Die Zwischenrippenmuskeln ermöglichen die nutzbringende Erweiterung des Brustkorbes, damit ein Luftaustausch erfolgt. Die Nase reizt bei der Einatmung durch ihre widerstandsreichen Gänge das Zwerchfell zu einer elastisch großen Bewegung.

Die erweiterte Zwerchfellbewegung durchblutet die Bauchorgane (Anregung der Darmperistaltik). Die Bauchmuskeln geben elastisch nach und ermöglichen eine freie Atembewegung in der Ein- und Ausatmung.

Die Atmung kann sich auch nach Belastung, z.B. unter Einbeziehung der Atemhilfsmuskulatur nach einem schnellen Lauf, sofort wieder auf eine normale Atembewegung umstellen. Die Atmung paßt sich jeder gewählten Bewegung (Laufen, Springen, Gehen, Heben, Tragen...), Haltung (Liegen, Stehen, Sitzen) und Intention des Menschen an, ohne eine Tätigkeit im Atemgeschehen für eine längere Zeit zu vernachlässigen (das gesunde, anpassungsfähige Atemgeschehen ist in hohem Maß wandlungsfähig).

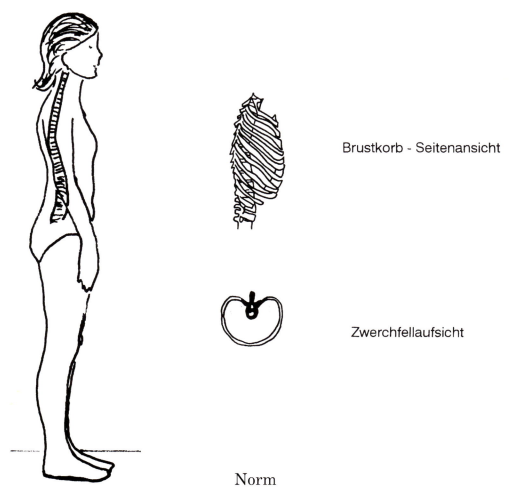

Brustkorb - Seitenansicht

Zwerchfellaufsicht

Norm

6.4 Haltung eines Flachrückens

Flachrücken:

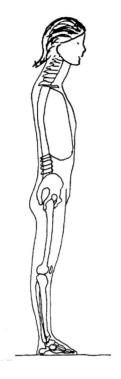

- Verminderung der natürlichen Krümmung der Wirbelsäule
- abgeflachter Brustkorb
- erschwerte Anhebebewegung der Rippen
- mittlere Rippenbögen sinken ein
- eingezogener Bauch
- Brust und Bauchorgane werden nach hinten gedrängt
- durchgedrückte Knie

Körperhaltung

6.4 Atmung bei einem Flachrücken

Flachrücken:

- minimale Atembewegung des Zwerchfells bei der Einatmung
- die Lunge kann sich nicht entfalten
- der Brustkorb befindet sich in dauernder Ausatemstellung

Atmung beim Flachrücken

6.5 Haltung eines Rundrückens

Rundrücken:

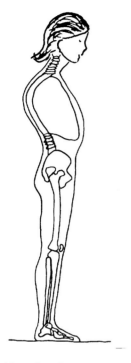

- nach vorne gezogene Schultern (verkürzte Brustmuskeln)
- verstärkte Krümmung der Brustwirbelsäule
- der Brustkorb hängt in Ruhe zu tief
- übermäßige Mitbewegung des Brustbeins bei der Einatmung (Hochatmung)
- schlaffe Bauchmuskulatur
- vorgeneigter Kopf (Hängekopf oder Schwanenhals)

Rundrücken

6.5 Atmung beim Rundrücken

Rundrücken:

- die Atembewegung ist verkleinert und findet nur in den oberen Lungenbereichen statt.
- die schlaffen Bauchmuskeln bieten dem Zwerchfell nicht genügend Widerstand
- der untere Lungenbereich arbeitet kaum (mangelnde Belüftung)
- verminderte Zwerchfelltätigkeit

Atmung beim Rundrücken

6.6 Haltung eines Hohlkreuzes

Hohlkreuz:

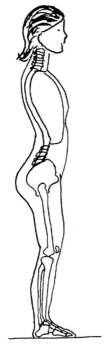

- Verstärkte Höhlung (Lordosierung) der Lendenwirbelsäule
- die unteren nicht am Brustbein fixierten Rippen werden nach innen gezogen
- die unteren Rippen bleiben in Ausatemstellung
- die mittleren Rippen erscheinen nach außen vorne (glockenförmiger Brustkorb)
- die hinteren Bauchorgane (z.B. Niere) werden nach vorne gedrängt
- die Bauchmuskeln werden ständig überdehnt
- das Becken wird nach vorne gekippt

Hohlkreuz

6.6 Atmung beim Hohlkreuz

- Flanken und Lendenatmung ist zu gering
- die erschlafften Bauchmuskeln und die verspannten Rückenstrecker verhindern die hintere und seitliche Zwerchfellbewegung
- Behinderung der Zwerchfellarbeit führt zu oberer Brustkorbatmung
- der untere Lungenbereich wird kaum belüftet
- zu starke Anhebebewegung der Rippen

Atmung beim Hohlkreuz

6.7 Haltung eines hohlrunden Rückens

Hohlrunder Rücken:

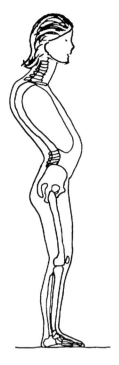

- Verstärkte Krümmung der Brustwirbelsäule und Lendenwirbelsäule
- ein nach vorne gekipptes Becken
- der Bauchinhalt schiebt sich vor
- die Bauchmuskeln werden ständig überdehnt
- nach vorn gezogene Schultern (verkürzte Brustmuskeln)
- vorgeschobener Kopf (Hängekopf, Schwanenhals)

Hohlrunder Rücken

6.7 Atmung beim hohlrunden Rücken

- schlaffe Bauchmuskeln geben dem Zwerchfell keinen Halt bei der Ausatmung
- die Lunge kann sich nicht genügend entfalten
- Die oberen Lungenbereiche sinken ein, die Atmung wird dort behindert

Atmung beim hohlrunden Rücken

6.8 Haltung und Atmung im Sitzen in der Norm

Die Voraussetzungen für eine anpassungsfähige, aufrechte Sitzhaltung:

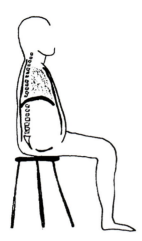

- die Atembewegung kann in einem wohlgespannten Zustand stattfinden
- die Hals- und Bauchmuskulatur ist locker
- die Kopfhaltung ist aufrecht
- Füße stehen flach auf dem Boden
- die Beine sind leicht gespreizt
- die Knie liegen tiefer als die Hüfte
- die Sitzhöcker sind auf der Unterlage gut zu spüren
- auch Sitzen ist Bewegung

Die gesündeste Sitzhaltung stellt sich im Wechsel aller möglichen Sitzhaltungen dar (zum Beispiel: Hocken, Schneidersitz, unterschiedliche Stühle, Sitzbälle, Hocker...).

6.9 Die falschen Belastungen beim Sitzen in Haltung und Atmung

Grundschulkinder sitzen wöchentlich ca. 25-30 Stunden. Dazu kommt die Zeit beim Essen, Spielen, Fernsehen und bei den Hausaufgaben. Beim Sitzen muß viel Aufrichtearbeit gegen die Schwerkraft vom Oberkörper geleistet werden und demzufolge kommt es oft zu unökonomischen Sitzgewohnheiten. So entstehen bei einer falschen Sitzhaltung:

- eine erhöhte Belastung der Wirbelsäule (Fehlbelastung der Wirbelkörper und Bandscheiben)
- eine Erschlaffung und /oder Verkürzung der Bauchmuskeln
- Verspannungen und Verkürzungen der Hüftbeugemuskulatur
- Überdehnung der Rückenmuskulatur (Rundrücken)
- Verspannungen der Nackenmuskulatur, starke Höhlung (Hyperlordosierung) der Halswirbelsäule (Hängekopf, Schwanenhals)

6.10 Die Atmung im Sitzen bei zu gerader Haltung

Atmung im Sitzen bei zu gerader Haltung:

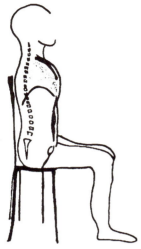

- Einengung der Zwerchfellbewegung durch Verspannung der Bauch- und Rückenmuskulatur
- Gefahr der Hochatmung und Bauchpresse
- hochgezogene Schultern

6.11 Die Atmung beim Sitzen bei zu schlaffer Haltung

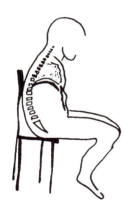

- Die Verminderung der Zwerchfellbewegung entsteht durch zu schlaffe Bauchmuskeln
- Das Einsinken des Brustkorbes verhindert die Weitstellung der Rippen und damit eine gute Sauerstoffversorgung des Organismus

6.12 Wechselbeziehung von Atmung und Haltung

Erkenntnisse aus der Neurophysiologie und Psychomotorik verweisen auf die Untrennbarkeit von Haltung, Motorik und Sensorik beim Menschen. Das bedeutet: reines Muskeltraining führt selten zum Erfolg, da andere Gebiete außer acht gelassen werden. „Aufrechtes Halten" als reine Muskelübung oder willentlich tiefes Einatmen können dem Menschen nur kurzfristig helfen.
Die Verbindung von Lust, Spiel mit Gleichgewicht, rhythmischer Wechsel von Spielen, und das Einbeziehen des Alltags in das therapeutische Üben kann die Grundlage für eine bewegliche Haltung und spannkräftige Atmung bilden. Martin J. Waibel (Gummimännchen und Schlangenkönigin Humboldt-Taschenbuchverlag München, Verlag S. 14) schreibt für die Bewegungs- und Haltungsarbeit:

„In der Haltungs- und Bewegungsarbeit sollten also immer lustvolle und fördernde Reize für das Gleichgewicht und die taktilen Sinne, die Körperwahrnehmung sowie die Förderung von Tiefensensibilität und der Koordination die zentralen Grundgedanken sein. Die Kräftigung wird dabei zu einem selbstverständlichen Beiprodukt."

Für die Atmung gelten die gleichen Regeln. Dazu kommt der notwendige Wechsel, d.h. der rhythmische Ablauf von Übungen, um die Atempause immer wieder zu ermöglichen. Spaß sollte nie zur Leistung werden. Es verlangt vom Therapeuten Einfühlungsvermögen für das Atemgeschehen des Kindes.

Atem- und Haltungsarbeit können sich gegenseitig unterstützen.

7. Atemfunktionen

7.1 Graphik

Atemfunktionen

Einatemorientiert

durch die Nase:
* riechen
* schnuppern
* schnüffeln
* schniefen

durch den Mund:
* schlürfen
* einsaugen
* ansaugen

Ausatemorientiert

durch die Nase:
* schnauben
* schneuzen

durch den Mund:
* pusten
* blasen
* hauchen
* sprechen
* summen
* singen

Struck/Mols 1998

Die in der Graphik aufgezeigten Ein- und Ausatemfunktionen werden der Reihe nach einzeln aufgeführt und ausführlich mit Beispielen aus der Praxis beschrieben. Sie werden einmal in: aktives Tun und zum anderen im übertragenen Sinne gebraucht. Dies wird in den Definitionen aus dem Lexikon deutlich (die nachfolgenden Lexikondefinitionen sind dem Deutschen Wörterbuch von K.-D. Bünting entnommen).

7.2 Die Einatemfunktionen - etwas aufnehmen

Die Atmung sollte in der Phase der Einatmung beachtet werden. Wie kommt die Luft herein? Riechend? Saugend? Schlürfend? Die Intensität der Einatmung wird durch die verschiedenen Einatemfunktionen gesteigert.

Das Zwerchfell als Hauptatemmuskel wird gereizt und aktiv gefordert, auf die Intention der jeweiligen Situation zu reagieren. Dazu muß es sich gut bewegen können. Die Intercostalmuskeln weiten den unteren Brustkorb und geben dadurch dem Zwerchfell Raum. Die Bauchmuskeln ermöglichen durch ihr gespannt elastisches Nachgeben dem Zwerchfell die Bewegungsfreiheit innerhalb des Bauchraumes.

Die in diesem Buch genannten Einatemspiele aktivieren die Einatemmuskulatur. Unterschiedliche Reize, z.B. Riechen oder Saugen steigern die Flexibilität und die Reaktionsbereitschaft der Einatemmuskeln.

7.2.1 Einatemfunktion Riechen

Definition laut Lexikon:
a) Geruchsempfindung wahrnehmen
b) Geruch verbreiten, verströmen
c) 1. jemanden, etwas nicht (gut) riechen können, jemanden absolut nicht mögen
   2. etwas nicht riechen können, etwas nicht ahnen können.
d) etwas drei Meilen gegen den Wind riechen
   1. etwas erahnen können
   2. einen Geruch sehr deutlich wahrnehmen

Funktion und Wirkung:
Der Reiz zur Einatmung wird durch den Duftstoff (meist ein angenehmer Geruch) ausgelöst. Dieser bedingt eine meist geräuschlose intensive Einatmung durch die Nase. Die Verengung der Nasenflügel bewirkt eine physiologische Stenose und **kräftigt die Einatemmuskulatur**. Ein **Mundschluß** fördert die eingehende Geruchswahrnehmung.
Riechstörungen (Hyposmie, Anosmie) können zum Beispiel auftreten: bei Sinusitis, allergischem Schnupfen, bei Schädigungen des Riechepithels durch toxische Substanzen, nach viralen Infektionen, nach Verletzungen im olfaktorischen Bereich (Unfälle) und nach weiteren Erkrankungen (Abklärung über den Hals-, Nasen-, Ohrenarzt).

Hinweise:
Nach Amoore 1970 (aus dem Buch von A. Maelicke, Vom Reiz der Sinne, S. 115) wurden sieben typische Duftklassen (Primärgerüche) aufgestellt:

a) blumig (Rose, Flieder, Jasmin, Veilchen)
b) ätherisch (Fleckenwasser)
c) moschusartig (Angelikawurzelöl)
d) campherartig (Mottenpulver)
e) schweißig (Achselschweiß)
f) faulig (faule Eier)
g) stechend (Essig)

Atmen wir längere Zeit den gleichen Duft ein, verliert er in unserer Wahrnehmmung an Intensität. Wenn wir uns von dem Geruch entfernt haben, können wir ihn bei der Rückkehr wieder erneut wahrnehmen.

In der Tierwelt ist das Riechen (der Geruchssinn) das wichtigste Kommunikationsmittel. Bei uns Menschen ist diese Möglichkeit verkümmert, da wir nur ein drei bis fünf cm2 großes Riechepithel mit wenig Rezeptoren aufweisen. (Ein Hund verfügt über das fünffache Potential).

Dennoch geben die Redensarten, jemanden nicht riechen/mögen, oder etwas nicht ahnen/riechen können, Aufschluß darüber, daß wir unsere Nase doch noch einsetzen.

Düfte können uns **verführen und motivieren**, etwas zu tun, z.B. der Bäckereiduft verleitet uns zum Kauf. (Die Zeitschrift Focus 9/98 : >Immer mehr Unternehmen setzen Duftnoten wie die frische Meeresbrise ein, um ihre Kunden in Kauflaune zu versetzen. .... von Fachleuten „Air Design" genannt<).

Familiendüfte oder Häuserdüfte **wecken Erinnerungen** („es riecht hier wie bei Tante Anna...").

Setzen wir Gerüche in Verbindung mit einem Ort, einem Ereignis oder einem Lebewesen, dann ordnet unser Gehirn den Duft ein und er wird später als Erinnerung abrufbar.

Der Geruchssinn entscheidet mit über den Geschmack.

Lieblingsdüfte müssen nicht unbedingt dem Geschmack oder Geruchssinn des anderen entsprechen (diese Apfelsorte riecht und schmeckt viel besser als deine!).

Im weiteren Verlauf wird die Verarbeitung der Duftmoleküle aufgezeigt. Der Vorgang, die Information der chemischen Struktur eines Geruchmoleküls in elektrische Nervensignale umzuwandeln, wird Transduktion genannt.

Geruchsverarbeitung im Gehirn

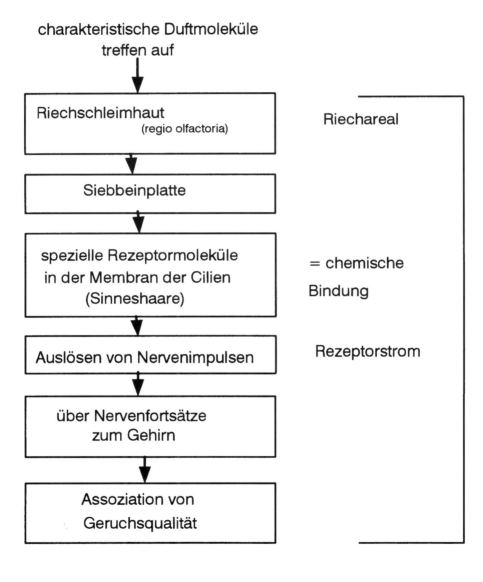

7.2.2 Einatemfunktion Schnuppern

Definition laut Lexikon:
a) Luft durch die Nase in kurzen Abständen einziehen, um einen Geruch besser wahrzunehmen.
b) einen bestimmten Geruch aufnehmen

Funktion und Wirkung:
Beim Schnuppern wird die Einatmung in kleinen Schüben aufgenommen. Dieses **vertieft und verlängert die Einatmung**. Die gesamte Einatemmuskulatur wird gekräftigt. Die Zwerchfellbewegung ist deutlich spürbar. Meist ist die Atmung hörbar. Es wird gezielt ein Geruch wahrgenommen, der dann identifiziert und differenziert werden kann. Das Schnuppern verhilft zu einer Entscheidung, zum Beispiel „Kann ich das gebrauchen oder nicht?" oder „Welche Perle ist die Richtige?" (Spiel: Duftperlen S. 107)

Hinweise:
Die Nasenflügel sollten sich beim Schnuppern bewegen können. Ist dies nicht der Fall so kann die Aktivität der Nasenflügel durch Nasenwahrnehmungsübungen verbessert werden.
Um die Einatmung zu unterstützen und den Brustkorb zu weiten, gibt es die Möglichkeit beim Schnuppern, Fußzehen und Finger zu spreizen. („Die Tatzen der Tiere greifen aus, um gezielt (den Geruch) die Beute zu fassen.")

Führt die Aktivität bei der schnuppernden Einatmung zur Hochatmung (Hochziehen des Schultergürtels und Brustkorbs), sollte ein Wechsel zu anderen Spielen erfolgen oder eine 'Schnupperpause' eingelegt werden.

7.2.3 Einatemfunktion Schnüffeln
Definition laut Lexikon:
a) Luft, einen Geruch hörbar durch die Nase aufnehmen
b) Rauschgift, Dämpfe chemische Stoffe einatmen, um sich in einen Rausch zu versetzen
c) neugierig, Nachforschungen anstellen; spionieren

Funktion und Wirkung:
Beim Schnüffeln wird die Luft ebenfalls in kleinen Schüben eingeatmet. Hierbei wird eher schnell und ziellos, und gleichzeitig neugierig und gespannt umhergeschnüffelt. Man weiß nicht genau, was gesucht wird. Die Gerüche oder Düfte liegen nicht im unmittelbaren Umfeld der Nase. (Spiel: Nasendetektiv). **Die Einatemmuskulatur wird gekräftigt**, **Spannungsveränderungen in der Zwerchfellmuskulatur werden trainiert**. Dieses führt dort zu einer erhöhten Elastizität und Spannungsbereitschaft.

Hinweise:
Hier gelten die gleichen Hinweise wie zu Riechen und Schnuppern.

7.2.4 Einatemfunktion Schniefen
Definition laut Lexikon:
Laut, hörbar durch die Nase Luft holen (z.B. beim Schnupfen, Weinen)

Funktion und Wirkung:
Schniefen ist ein **längeres bewußtes Einatmen**, die „Nase hochziehen". Naturgemäß wird so eine **Nasenreinigung** erzielt. Beim Schniefen wird die Nase verengt. Die natürliche Stenose (Verengung der Nasenöffnungen) wird trainiert. Die **Beweglichkeit der Nasenflügel wird gefördert**.

Hinweise:
Es gibt die Auffassung, Schniefen (Nase putzen, durch Hochziehen des Schleims) sei gesünder, als das Schneuzen in ein Taschentuch. Denn beim Schneuzen werden die Bakterien verteilt und bei starkem Luftdruck wird der Schleim in die Stirn und Kieferhöhlen gepresst.
Nasenmassagen (S. 80) können die Beweglichkeit der Nasenflügel vorbereiten. Das Schniefen ist eine Vorbereitung für das Saugen durch die Nase. Auch hier ist die Vermeidung der Hochatmung zu beachten.

7.2.5 Einatemfunktion Schlürfen
Definition laut Lexikon:
a) geräuschvoll trinken
b) genußvoll trinken
c) genußvoll, mit Bedacht in kleinen Schlucken trinken

Funktion und Wirkung:
Beim Schlürfen werden Luft oder Flüssigkeit dosiert und mit Bedacht durch den Mund zu sich geführt, geschlürft und geschluckt. (Beim Spiel mit Puppen oder Puppenhaus schlürfen die Puppen Kaffee...). Die Luft wird gezielt und dosiert durch eine kleine Mundöffnung eingezogen (Vorstellung: kleiner Trinkhalm vor den Lippen läßt einen langsamen, dünnen Luftzug einströmen). Durch die verlangsamte Einatmung werden die **Atemmuskeln gekräftigt** und das **Lungengewebe muß differenzierter arbeiten**. Der **Lippenringmuskel** (m. orbicularis oris) wird stark **aktiviert**, die **muskuläre Spannung** im **Zungenmuskel erhöht**.

Hinweise:
Es ist darauf zu achten, daß das Schlürfen nicht mit einer „Halsenge" einsetzt. Durch die Vorstellung genußvoll, froh und erstaunt mit großen Augen etwas zu schlürfen, kann man im Spiel eine Weite im Rachen und Halsbereich unterstützen (siehe Saugen, oder Methodische Hinweise S. 120).

7.2.6 Einatemfunktion Einsaugen
Definition laut Lexikon:
Flüssigkeit oder Luft durch Saugen, Herstellung eines Sogs aufnehmen

Funktion und Wirkung:
Beim Saugen wird:
- die Luft durch den Mund eingeatmet und eingezogen (siehe Einsaug-Spiele in diesem Buch). Der Saugzustand muß ständig beibehalten werden sonst ist das Einsaugen beendet. Die Saugkraft verlangt von den **Einatemmuskeln**, insbesondere vom Zwerchfell, eine stetige Einatemspannung. Diese sollte **elastisch spannungserweiternd erhalten** werden. Dabei darf kein Gefühl der Enge im Hals auftreten.
- die Flüssigkeit durch den Mund eingezogen (mit dem Trinkhalm werden Getränke eingesogen und geschluckt (das Schlucken bedeutet eine Unterbrechung des Saugvorganges).

Das Einsaugen ist eine leichtere Variante oder eine Vorübung zu der Einatemfunktion des Ansaugens. Der „Saugzustand" hält kürzer an. Die gesamte **orofaziale Muskulatur ist aktiv**.

Hinweise:
Beherrscht das Kind die Einatemfunktion des Saugens noch nicht, so gibt es die Möglichkeit:
1. schlürfend mit einem „f" einatmen.
2. Nach dieser Übung kann im Anschluß daran, die Flüssigkeit mit einem Trinkhalm aus einem Schraubverschluß (Sprudeldeckel) gesaugt werden. Der „Saugvorgang" hält an, bis der Schraubverschluß angehoben wird.
3. Atemspiele, wie Riech-Spiele, unterstützen das Erlernen der Einatemfunktion des Saugens.
Ist das Saugen durch einen Trinkhalm möglich, können verschiedene Trinkhalmdurchmesser, je dünner desto schwerer, die Saugfunktion verstärken. Eine andere Möglichkeit, die Funktion des Saugens zu erhöhen, besteht in der Ver-

änderung des einzusaugenden Materials, zum Beispiel ist Wasser leichter einzusaugen als Joghurt (Spiel in diesem Buch: Fäden einsaugen S. 122).
Die oben angeführten Möglichkeiten können durch den Einsatz von sprachtherapeutischem Übungsmaterial (z.B. der „orthodontische Sauger" nach Padovan ect...) unterstützend vorbereitet werden.

7.2.7 Einatemfunktion Ansaugen
Definition laut Lexikon:
a) 1. etwas durch Saugen anziehen
   2. mit oder an etwas zu saugen beginnen (Der Winzer saugte mit einem Schluck das Weinfaß an).
b) sich saugend festmachen, an etwas anheften

Funktion und Wirkung:
Die Einatemfunktion des Ansaugens bedeutet das „Anheften" eines anzusaugenden Materials. Der Saugvorgang muß ständig beibehalten werden. Die Saugkraft verlangt von den **Einatemmuskeln**, insbesondere vom Zwerchfell, eine stetige Einatemspannung. Diese sollte **elastisch spannungserweiternd erhalten** werden. Dabei darf kein Gefühl der Enge im Hals auftreten.
Das Ansaugen trainiert eine aufnehmende und flexibel erhaltende muskuläre Spannung der gesamten Atemmuskulatur.
Es entsteht eine Kräftigung der Schluck- und Rachenmuskulatur.
Der Luftstrom wird bewußt gelenkt.
Das Velum wird gekräftigt und beweglich.
Die Wangenmuskulatur wird gestärkt.
Die Spannung der Zunge wird positiv beeinflußt.

Hinweise:
Voraussetzung für das Saugen allgemein, sollte das Pusten oder andere Ausatemfunktionen sein. Die Ausatemfunktionen lockern das Zwerchfell und erst dann sollte die starke Kraft des Saugens aufgenommen werden.
Wenn das Zwerchfell sich nicht genügend lockert, kann es durch zu intensives Saugen zur Hyperventilation kommen. Deshalb sind Pausen oder Wechsel mit anderen Spielen nötig.
Bei manchen Kindern ist es wichtig, auf eine Weite im gesamten Halsbereich zu achten. Der Einatemweg muß frei sein. Große Augen, erstaunter Blick, etwas Wichtiges und Angenehmes ansaugen (z.B. ein Löwe mit großem Maul saugt......) können verbale Hilfen darstellen. (Zu „Halsenge" siehe auch unter Schlürfen).

Bei Kindern, die das Ein- oder Ansaugen beherrschen, wird eine Anstrengung äußerlich kaum sichtbar.

7.3 Die Ausatemfunktionen - etwas abgeben

Hier sollte auf die Ausatmungsphase geachtet werden: wie kommt die Luft heraus? Pustend? Hauchend? Schnaubend?

Die gebräuchlichsten Ausatemfunktionen sind Sprechen und Singen. Alle Ausatemfunktionen kräftigen die Atemmuskulatur. Der Luftstrom entweicht über die Nase oder den Mund. Auf eine verlängerte Ausatmung erfolgt nach der natürlichen Atempause eine intensive Einatmung. Es kommt auf die elastische Erhaltung, der in der Einatmung aufgebauten Einatmungspannung an. Die unterschiedlichen Qualitäten der Ausatemfunktionen (die Atemmuskeln geben bei der Ausatmung nach) fördern die jeweiligen Muskelaktivitäten.

Die Spiele in diesem Buch geben durch ihre jeweilige Intention eine bestimmte Art und Weise der Ausatmung an. Das Reaktionsvermögen (Koordination aller Muskelgruppen) zum Erlernen der Sprachlaute, Zungen- und Stimmfunktion wird erhöht.

7.3.1 Ausatemfunktion Schnauben

Definition laut Lexikon:
a) Pferd o.ä.- hörbar die Luft aus der Nase ausstoßen
b) sich die Nase putzen
c) vor Wut schnauben: in hohem Maße ärgerlich, sehr wütend sein

Funktion und Wirkung:

Das **Schnauben** durch die Nase **weitet die Nasenflügel** und **fördert** ihre **Beweglichkeit**. Der **Mundschluß** erfolgt oft automatisch oder die Lippen werden locker mitbewegt. Wird mit kurzen Impulsen ausgeschnaubt, bedeutet das für die Zwerchfellmuskulatur eine oder mehrere kurze Anspannungen. Von den in der Einatmung aktivierten Einatemmuskeln, wird ein gespannt elastisches Gegenhalten verlangt. Die nachgebenden Bauchmuskeln helfen beim Schnauben. Sie bewegen sich nach innen und nicht nach außen, da sonst ein Pressen entsteht. Der Luftstrom muß schnell und frei durch die Kehle bis zur Nase fließen können. Die nachfolgende Einatmung ist meist intensiv, da das Schnauben anstrengend ist.

Hinweise:

Um die Intensität einer nachfolgenden Einatmung auszuschöpfen, ist es sinnvoll, das Schnauben nicht zu oft oder zu schnell zu wiederholen (3-4 Schnauber, Pause) damit die Atemmuskulatur wirklich nachgeben kann. Die Elastizität der Muskulatur darf nicht durch Pressen (Bauchpresse) ersetzt werden.

Kann ein Kind nicht schnauben, weil es den Ausatemweg nicht findet oder noch nicht genügend Kraft hat, können einige Pustespiele und Einatemspiele mit der Nase sinnvoll sein, um die Atemmuskulatur zu aktivieren und andere Funktionen vorzuüben.

„Wie ein Pferd schnauben": aus dieser Übung kann auch ein Wiehern entstehen, wenn der Halsweg frei ist und die Stimme „locker mitlaufen" kann.

7.3.2 Ausatemfunktion Schneuzen

Definition laut Lexikon:
Sich die Nase putzen

Funktion und Wirkung:
Das Schneuzen ist eine hörbare und impulshafte Ausatmung durch die Nase, die beim Naseputzen den Schleim aus der Nase und den umliegenden Nebenhöhlen und Stirnhöhlen mit herausschleudert. Dazu müssen sich die **Bauchmuskeln** schnell und kräftig einziehen (siehe Schnauben). Schneuzen oder Ausatmen durch die **Nase** bewirkt immer eine **Reinigung**, auch wenn kein Taschentuch benötigt wird.

Hinweise:
Mit ca. vier Jahren sollte sich ein Kind seine Nase mit einem Taschentuch putzen können. Eine andere Möglichkeit ist das Schniefen, siehe Einatemfunktion Schniefen.
Um die schneuzende Funktion zu erüben, sollte ein bis maximal drei mal kräftig hintereinander geschneuzt werden. Danach ist eine Pause sinnvoll, damit sich die Atemmuskeln wieder optimal entspannen können.
Falls ein Kind noch nicht schneuzen kann sind Pustespiele und einige Einatemspiele mit der Nase sinnvoll, um die Atemmuskulatur vorzubereiten.

7.3.3 Ausatemfunktion Pusten

Definition laut Lexikon:
Atemluft ausblasen, (schwer) ausatmen

Funktion und Wirkung:
Beim Pusten tritt der Luftstrom stoßartig und geräuschvoll aus der mit den Lippen geformten Mundöffnung aus. Die Ausatmung ist impulshaft und zeitlich verkürzt. Der Weg durch die Kehle muß frei sein.
Dabei bildet die Zunge eine Rinne (**Aktivierung** des M. transversales linguae - der **Zungenquermuskel**). Außerdem werden der **Kinnzungenmuskel** (M. genioglossus) und der **Trompeter- oder Wangenmuskel** (Mm. buccinatores) stark beansprucht. Das **Zwerchfell spannt kurz** und ruckhaft an, um sich dann wieder zu lösen (Atempause). Es folgt eine Einatmung ohne Einatemgeräusch. Wird die Atempause korrekt eingehalten, so tritt keine Hyperventilation auf. Die muskuläre Spannung ist im hinteren Rückenbereich und vorne deutlich als Bewegung spürbar. Die Bauchmuskeln sind nicht ganz so aktiv, wie beim Schneuzen und Schnauben. Sie geben dem Zwerchfell den nötigen Halt für das Pusten. Es darf keine Bauchpresse entstehen. Dauert der Ausatemvorgang länger als beim Pusten, so geht die Ausatemfunktion in das Blasen über (siehe Blasen).

Hinweise:
Bei allen Spielen und Übungen ist immer darauf zu achten, daß die Luftergänzung, ob durch Nase oder Mund, ruhig erfolgt. Eine hörbare gezogene Einatmung durch den weit geöffneten Mund (Schnappatmung) führt immer zu einer sogenannten Hochatmung und birgt die Gefahr einer Hyperventilation. Abhilfe schaffen Atempausen, die durch Spielwechsel erreicht, oder von der Therapeu-

tin angeleitet werden.
In der praktischen Arbeit fällt es auf, daß viele Kinder nicht in der Lage sind, die Atemfunktion des Pustens zu beherrschen. Die einfache Aufgabe, eine brennende Kerze zum Erlöschen zu bringen, wird meist erfolglos und frustriert beendet. Sogenannte Zauberkerzen können Kinder spielerisch dazu bewegen, eine Kerze auszupusten. Sie verlieren die Lust nicht so schnell, weil es ja „magisch" ist, eine erloschene Kerze wieder zum Entflammen zu bringen.
Es gibt mehrere Möglichkeiten, den austretenden Luftstrom zu formen:
a) über die Lippenöffnung (mit den zum Laut „o" gerundeten Lippen)
b) mit Hilfe eines Trinkhalms wird die Lippenformung erleichtert, der Luftstrom wird besser geführt
c) mit Hilfe unterschiedlicher Durchmesser der Trinkhalme, bis zu einer Papphöhre z. B. Toilettenpapierrolle

Bei den Puste-Spielen kann ein übermäßiger Speichelregen entstehen. Dazu können die Spiele entsprechend „präpariert" (laminieren) werden, oder es werden zuvor Mundschlußübungen angeboten. Eventuell reicht es, das Spiel mit einem Trinkhalm zu beginnen, um den Lippenringmuskel zu aktivieren.

Zielgerichtetes Pusten bei dem Puste-Spiel: Walnußschalenrennen

Zu den verschiedenen sprachlichen Begriffen des Pustens:

* eine Kerze **auspusten**
Die schnell geführte, gezielte und impulshafte Ausatmung bringt die Kerze zum Erlöschen. (Spiel: Zauberkerze auspusten s.o.)

* etwas **wegpusten**
Ein Gegenstand wird durch eine gezielte und impulshafte Ausatmung zum laufen, fliegen, rollen, ... gebracht (Spiel: schiefe Ebene).

45

* etwas **umpusten**

Ein Gegenstand kommt durch eine schnelle und gezielte Ausatmung plötzlich zum Erliegen (Spiel: z.B. Kartenhaus umpusten).

* **auf etwas pusten**

Hier wird der Luftstrom mit einer zielgerichteten und impulshaften Ausatmung auf einen Gegenstand gelenkt (Spiel: Löwenjagd).

Kind bei dem Puste-Spiel: Schiefe Ebene

7.3.4 Ausatemfunktion Blasen

Definition laut Lexikon:
a) Atemluft in und auf etwas „pusten"
b) ein Blasinstrument spielen
c) Wind- kräftig wehen

Funktion und Wirkung:
Das Blasen verlangt eine dosierte und bewußt verzögerte Luftabgabe wie beim Spielen eines Blasinstrumentes. Das Zwerchfell steigt langsam, das heißt: Die Intercostalmuskulatur und das **Lungengewebe** müssen bei der Luftabgabe **locker** und **elastisch gegenhalten** können. Die Bauchdecke darf nicht pressen, sondern nur nachgeben.
Bei allen Blas-Spielen tritt die ausströmende Luft durch die Mitte der Zunge und die gering rundgeformte Lippenöffnung aus (Blasen ohne Trinkhalm).
Dabei bildet sich in der Mitte der **Zunge** eine mehr oder weniger breite **Rinne**, durch die der Luftstrom streicht, ähnlich wie bei der Bildung des „s"- Lautes.

Die Zunge liegt beim Blasen locker hinter den oberen oder unteren Schneidezähnen.

Hinweise:
Ein Beispiel zum dosierten Blasen:
In einen Elefantenrüssel (Papierrüssel) wird so hinein geblasen, daß er sich langsam „entwickelt" und am Ende einen Quietschton von sich gibt. Das Ausatmen, also das Blasen in diesem Fall, wird so lange fortgesetzt, bis dieses Ziel erreicht ist.
Im Unterschied zum Blasen ist der Ausatemstoß beim Pusten kurz und kräftig. Es kann schnell ein Quietschen ertönen, wenn „viel Puste" da ist. Wird auf Grund eines kleinen Atems kurz hineingepustet, entfaltet sich der Papierrüssel nur minimal.

Zu den verschiedenen Formen des Blasens:

* etwas **ausblasen**
Eine gezielte, langsame und lange Ausatmung bläst die Kerze aus. Die Flamme flackert bis sie erlischt.

* etwas gezielt **anblasen**
Blasinstrumente werden gezielt angeblasen. Der Luftrom wird dosiert, der Melodiephrase entsprechend, in das jeweilige Instrument abgegeben. Tonhöhe und Art des Instrumentes verlangen unterschiedliche Luftstromqualitäten.

*etwas **aufblasen**
Beim Aufblasen wird in der Regel mehr Atemkraft gefordert. Die Atemmuskulatur muß trotz kräftiger Ausatmung die Luft dosieren und hält ohne Pressen die Spannung aufrecht, damit der Luftstrom weiterfließt und die ausgeblasene Luft nicht zurück in den Mundraum entweicht (Spiel: Luftballon aufblasen). Oft wird in diesem Fall irrtümlich das Wort Pusten benutzt.

*etwas **wegblasen**
Die Luft wird dosiert und ständig strömend dem Gegenstand oder der Aufgabe entsprechend ausgeatmet.
Die Gegenstände können bewußter geführt werden, z.B. auf einem Faden (Spiel: Seilbahn).

47

7.3.5 Ausatemfunktion Hauchen

Definition laut Lexikon:

Hauch: a) nur schwer wahrnehmbarer Geruch
          b) nicht sehr starke Luftbewegung
          c) nicht viel sondern nur wenig von etwas
          d) Atemzug

Funktion und Wirkung:

Beim Hauchen auf „h" tritt der **Luftstrom unhörbar** und **langsam** aus. Der Mund ist weit geöffnet und die **Zunge liegt flach auf dem Mundboden**. Der Atemweg durch die Kehle sollte frei sein. Das langsame Abgeben der Luft verlangt eine **lockere Spannung der Ausatemmuskulatur**. Das Hauchen ist eine zarte Luftbewegung im Gegensatz zu den kräftigen Ausatemfunktionen.

Hinweise:

Die Wärme des eigenen Atems ist in einer vor den Mund gehaltenen Hand spürbar.

Hält man beim Hauchen einen Spiegel vor den Mund, dann ist der Atem kurz sichtbar.

Das Hauchen kann sowohl Vorübung als auch Lockerung sein, z.B. nach Sauge- oder kräftigen Puste-Spielen.

7.3.6 Ausatemfunktion Sprechen

Definition laut Lexikon:

a) mit den dem System der Sprache zur Verfügung stehenden Mitteln anderen Personen Gedanken, Gefühle usw. übermitteln, etwas (jemandem gegenüber) in Wörter fassen, etwas sagen
b) wir sprechen uns noch
c) auf etwas, jemanden zu sprechen kommen
d) auf jemanden oder etwas schlecht zu sprechen sein

Funktion und Wirkung:

Das Sprechen gehört zu unseren wichtigsten Kommunikationsmitteln. Es stehen Atmung, Artikulation, Stimme, der zu vermittelnde Inhalt und die Intention miteinander in Wechselbeziehung.

Im Mundraum und Ansatzrohr ändert sich die Spannung der beteiligten Muskeln (Lippen, Zunge, Wange, Velum, Stimmbänder ....) sehr schnell durch die Geschwindigkeit der hintereinander gebildeten Sprachlaute. Die **Ausatemluft wird unterschiedlich, den Sprachlauten entsprechend gebremst**. Dazu muß die **Atemmuskulatur flexibel** reagieren können. Es werden viel feinere und differenziertere Bewegungen verlangt als bei den vorangegangenen Ausatemfunktionen.

Die Art und Weise der Artikulation und die Intention haben Einfluß auf die Fortsetzung der Atembewegung. Ist die Zungenbewegung gering, können einige Laute nicht gebildet werden, es entsteht ein falscher Klang, oder der Wechsel zu anderen Sprachlauten wird verhindert. Dementsprechend wird die Atemmuskulatur ungenügend genutzt.

Ist die Artikulation extrem übertrieben (heute selten), dann wird der Luftstrom zu stark gebremst und die Atemmuskulatur kann ebenfalls nicht genügend reagieren. Die Atempause, das Lösen und erneute Spannen der Atemmuskulatur ist in beiden Fällen behindert.

Eine lebendige Artikulation bezieht die Atemmuskeln mit ein und beide ergänzen und unterstützen sich gegenseitig. Beim optimal gebildeten Konsonant z.B. „f" strömt die Luft langsam aus (dem Blasen ähnlich) und verlangt von den Atemmuskeln den nötigen elastischen Gegenhalt. Die Atemmuskeln entwickeln ihr lebendiges Spiel eher, wenn der Widerstand in der optimalen Lautbildung vorhanden ist.

Hinweise:
Sinn der Atemspiele ist es, die Atemfunktionen für das Sprechen spielerisch vorzubereiten. Ein bis zwei Spiele pro Behandlung können die gewohnte Therapieform mitunterstützen.

7.3.7 Ausatemfunktion Summen
Definition laut Lexikon:
a) einen brummenden, konstant gehaltenen Ton mit niedriger Lautstärke von sich geben
b) nicht klar artikulierend; ohne Text melodisch singen

Funktion und Wirkung:
Beim Summen erfolgt die **Ausatmung durch die Nase**, die **Lippen** sind durch den Sprachlaut „m" **locker geschlossen**. Die Abgabe der Luft gestaltet sich sehr fein, da das Summen eine sensible, **dosierte Luftführung** verlangt.
Die angrenzenden Nasennebenhöhlen und Stirnhöhlen werden gleichzeitig durch die Vibration belebt.
Beim Summen sollten die in der Einatmung gewonnenen Muskelkräfte der Intercostalmuskeln, des Zwerchfells, und des Lungengewebes für die Ausatmung in sensibler elastischer Bewegung zur Verfügung stehen.

Hinweise:
Der Lippenschluß ist locker (die Lippen nicht ganz aufeinander pressen) und die Vibration kann bewußt an den Lippen gespürt werden.
Der Summton sollte leicht sein. Es darf kein Stimmdruck hörbar werden.
Atempausen zwischen den Summtönen wirken ausgleichend, denn die Atemmuskeln sollten gut gelockert wieder eine neue Spannung aufbauen können.

7.3.8 Ausatemfunktion Singen
Definition laut Lexikon:
a) 1. mit der Stimme eine Melodie mit Text hervorbringen -ein Lied singen-
   2. Literaturwissenschaftlich: einen dichterischen Gesang vortragen
b) etwas über ein Verbrechen verraten
c) das kannst du singen: das ist absolut wahr

Funktion und Wirkung:
Singen ist eine **tönende Ausatmung** durch die Nase oder Mund je nach Sprachlaut. Es wird Inhalt vermittelt. Die Melodie gibt zusätzlich immer dem Kulturkreis des jeweiligen Menschen entsprechend eine eigene Stimmung wieder. Die Art der Tonbildung vermittelt die Gefühlswelt des Sängers und die

Interpretation des Gesungenen (Lied, Arie, Chanson...).

Beim Singen wird dem Ausatemstrom ein anhaltender „Widerstand" an den sich bewegenden Stimmlippen entgegengesetzt. Das elastische Nachgeben der Intercostalmuskeln, des Lungengewebes und die graduelle Spannungsverminderung des Zwerchfells verhindern, daß der Luftstrom zu schnell oder zu kräftig an die Stimmlippen geführt wird. Insbesondere das Lungengewebe muß, wie bei keiner anderen Ausatemfunktion, extrem elastisch nachgeben.

Hinweise:

Singen ohne festgelegte Melodie, also freie Improvisation, gibt dem Kind die Möglichkeit zu singen, ohne musikalische Wertung. Alles ist richtig, was es singt, „falsche Töne" gibt es nicht. So kann es über das Singen zu einer freien Äußerung seiner Gefühlswelt kommen. Fernsehen, Radio und unsere eigenen Kriterien sollten diese Äußerungsmöglichkeiten nicht behindern.

Festgelegte Formen, das heißt, bekannte zu wiederholende Lieder, geben den Kindern eine Form, einen Halt und einen Rhythmus. Atempausen sind durch das Lied eingebaut oder können aktiv eingebaut werden.

II. Mundatmung als Fehlatmung

Mundatmung beschreibt den Weg der Atemluft: es wird ständig durch den geöffneten Mund ein- und ausgeatmet. Der Nasenweg wird selten oder garnicht genutzt.
Die **offene Mundhaltung** (auch OMH genannt) focussiert den Mund: die Lippen sind ständig geöffnet. Der Lippenspalt kann eine geringe bis weite Öffnung aufweisen. Der Zungenkörper liegt schlaff am Mundboden oder zwischen den Zahnreihen, der Unterkiefer ist gesenkt. Die Zungenbewegungen beim Sprechen, Kauen und Schlucken erfolgen aus einer abnormen Ruheposition.
Mundatmung und eine offene Mundhaltung treten sehr oft gemeinsam auf.

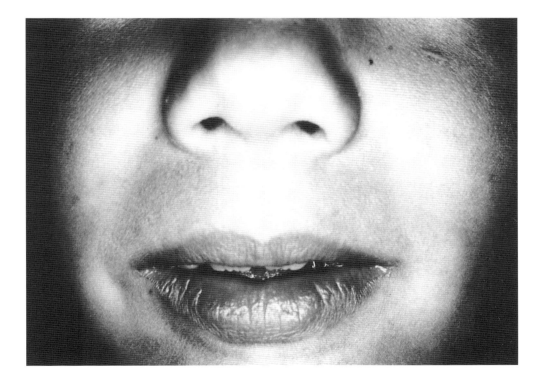

– gestaute Wangenpolster
– geringe Nasenöffnung
– unbewegliche Oberlippe
– inkompletter Lippenschluß
– interdentale Zungenruhelage

Dieses Foto zeigt eine hartnäckige dauerhafte Mundatmung. Viele nehmen dieses Aussehen nicht als gravierende Störung wahr.

- gestaute Wangenpolster
- geringe Nasenlochweite
- gesenkter Unterkiefer
- weiche Lippenstruktur
- inkompetente Lippen
- schlaffer orofazialer Muskeltonus
- Diastema (Frontzahnlücke)

1. Organisch bedingte und habituell erworbene Mundatmung

Organisch bedingte Mundatmung kann entstehen durch:

- Sauerstoffmangel während der Embryonalzeit
- Frühgeburt und Geburtsgewicht unter 1500 g
- Unfälle während der frühkindlichen Entwicklung (z.B. Schädel-Hirn-Traumen)

- Nasenatmungsbehinderungen, wie:
- Septumdeviation (Verbiegung der Nasenscheidewand)
- enge Naseneingänge
- Entzündungen der Nasenschleimhaut bei Allergien
- Tonsillenhyperplasie (Vergrößerung der Rachenmandel)
- Polypen (Wucherungen des lymphatischen Gewebes)

- Kieferanomalien (Zahnfehlstellungen)
- hoher, enger Gaumen

Habituell erworbene Mundatmung durch:

- mangelnden Bewegungs- und formativen Reiz beim Saugen an der Flasche
- zu weiche Nahrung - keine oder nur geringe Beißerfahrung
- einengende Kleidung (z.B. zu enge Gürtel, zu enger Hosenbund oder Gummibänder)
- Zungenfehlfunktion (falsch erlerntes Schluckmuster)
- Lutschgewohnheiten (Lutschobjekte wie: Schnuller, Daumen, andere Finger, Bettzipfel, Bleistifte, Spielsachen und Nägel- Lippen- Zungen- und Wangenbeißen)
- hohe Schadstoffbelastung der Atemluft
- Haltungsschwächen - Haltungsschäden

können Auslöser für eine dauerhafte Mundatmung und offene Mundhaltung sein.

Die Tabellen der folgenden Seiten benennen die Auswirkungen der Mundatmung. Sie gliedern sich nach Art der Störung: ob gesamtkörperlich oder nur den Mund/Mundraum betreffend. Auf der linken Seite befinden sich Tabellen, die auf der rechten Seite im Fließtext ausführlich erklärt werden.
Mögliche Zusammenhänge werden aufgezeigt und können so in Eltern- und Lehrergesprächen überzeugender vermittelt werden.
Auch wenn nur einzelne Körperteile des Menschen Beachtung finden, so versteht sich, daß der Mensch als Gesamtheit betrachtet werden muß.

Die Mundatmung

und ihre möglichen Auswirkungen auf den gesamten Organismus

Haltungsschäden durch vernachlässigte oder behinderte Übung der Atemmuskulatur ➤	Fehlformen der Wirbelsäule
der Lymphfluß wird durch mangelnde Nasenbenutzung und pathologisches ➤ Schluckmuster nicht genügend angeregt	Lymphstau im Gesichtsbereich (adenoid face)
bedingt durch eine mangelnde Belüftung der Eustachischen Röhre, sammelt sich Schleim im Mittelohr ➤	verminderte Hörfähigkeit
verminderte Zwerchfelltätigkeit (massierende Wirkung auf Magen und Darm entfällt), sowie zuwenig Kauarbeit (Nahrung wird nicht genügend zerkleinert) ➤	Darmträgheit - Blähbauch
flache Atemweise führt zu Luftnot beim Sprechen und Singen - stimmliche Fehlfunktionen entstehen ➤	Stimmprobleme
mangelnde Sauerstoffversorgung des Organismus ➤	Konzentrationsstörungen

Struck/Mols 1998

1.1 Die Mundatmung und ihre Auswirkungen auf den gesamten Organismus

Haltungsschwächen und sich daraus entwickelnde **Haltungsschäden** können durch eine mangelhaft ausgebildete und wenig genutzte Atemmuskulatur entstehen. Die Atemmuskulatur wird vernachlässigt. Die Wirbelsäule neigt zu Fehlformen, nicht nur im Brustwirbelsäulenbereich, sondern ebenso im Lendenwirbelbereich, wie im Halswirbelbereich. Bei andauernder Mundatmung hat die Halswirbelsäule keine natürliche Aufrichtung mehr. (Im ersten Teil dieses Buches (S. 26) wird eine optimale Atembewegung und ihre Auswirkungen auf die Haltung beschrieben).

Der Gesichtsausdruck eines Mundatmers kann verschwollen (in der Fachliteratur auch adenoid face genannt) wirken. **Augenringe** und **Wangenpolster** deuten auf einen Lymphstau hin. Durch eine mangelhafte Benutzung der Nase und ein falsches Schlucken **(pathologisches Schluckmuster)**, wird der Fluß der Lymphe nicht genügend angeregt. Es kommt zu einem **Lymphstau**. Dieses bewirkt den geschwollenen Gesichtsausdruck. Die Sprache klingt meist kloßig und hypernasal.

Eine **verminderte Hörfähigkeit** kann auch ein Hinweis auf eine dauerhafte Mundatmung sein. Normalerweise wird die Eustachische Röhre (tuba auditiva) durch ein physiologisch korrektes Schluckmuster belüftet (Öffnung der Tube auditiva durch Kontraktion der Schluckmuskulatur), indem ein Druckausgleich zwischen Paukenhöhle und Umgebung bei jedem Schluckvorgang stattfindet. Ebenso ist die Drainage von Flüssigkeit in den Nasenrachenraum (Flimmerepithel der Tube schlägt in Richtung Nasenrachen) die Aufgabe der Eustachischen Röhre. Kommt es zu einer Verschlechterung der Belüftungssituation, so sammelt sich im Mittelohr Schleim und Sekret an und führt zu einem 'Tubenmittelohrkatarrh' (Störung der Tubenventilation). Das Hörvermögen ist stark beeinträchtigt und kann Auswirkungen auf die Sprachentwicklung haben.

Die massierende Wirkung des Zwerchfells (geringe Atembewegung bei Mundatmung) auf die inneren Bauchorgane fehlt. Die Folge: **Darmträgheit** und ein chronischer **Blähbauch**. Dieses kann aber auch von mangelnder Kauarbeit (Vorliebe für weiche Speisen) herrühren. Die Nahrung wird nicht genügend zerkleinert. Die Verdauungsorgane müssen vermehrt arbeiten, um die aufgenommene Nahrung entsprechend zu verarbeiten.

Auftretende **Stimmprobleme** können das Symptom einer pathologischen Atemweise eines Menschen sein. Die Schwingungsfähigkeit beider Stimmbänder hängt von der Elastizität der gesamten Atemmuskulatur ab. Ist die Atemweise zu flach, reicht die auszuatmende Luft nicht für eine natürliche Phonation aus. Die Folge ist: die Luftknappheit am Ende eines Satzes wird 'überspielt'. Der Sprecher setzt seine Bauchmuskulatur übermäßig ein (Bauchpresse), um den Satz zu beenden. Beide Stimmbänder werden dazu angehalten, aneinandergepreßt den austretenden Luftstrom möglichst lange zurückzuhalten. Diese negative Verhaltensweise führt nicht unmittelbar zu einer pathologischen Veränderung. Oft entstehen erst nach Jahren unökonomischen Stimmverhaltens Stimmprobleme. Die Ausübung sprechintensiver Berufe führt dann zu stimmlichen Schwierigkeiten.

Eine flache Atemweise führt zu einer mangelhaften Sauerstoffversorgung des Gehirns. **Konzentrations-** und **Aufmerksamkeitsstörungen** treten auf.

Die Mundatmung
und ihre Auswirkungen auf die Atmungsorgane

flache Atemweise - ungenügende Atem- bewegung ➤	Kurzatmigkeit
fehlender Nasenwiderstand für das Zwerchfell untrainierte Atmung ➤ - schnell aus der `Puste' kommen -	Hochatmung
gestörte Funktion der Nase: Filtration, Vor- wärmung, Anfeuchtung und Bakterizität entfallen ➤	Infektanfälligkeit - vergrößerte Tonsillen Trockenheit der Nasenschleimhaut gestörte Funktion des Flimmerepithels
Bewegungsreiz zur Durchblutung der Nase fehlt mangelnde Nutzung der Nase ➤	verengte Naseneingänge
der 3. Nasengang wird nicht genutzt ➤	verminderte Riechfähigkeit

Struck/Mols 1998

1.2 Die Mundatmung und ihre Auswirkungen auf die Atmungsorgane

Die Atmung ist untrainiert, die Atembewegung von Ein- und Ausatemmuskulatur ist gering. Dem Zwerchfell als Hauptatemmuskel fehlt der Nasenwiderstand in der Einatmung, so daß es zu einer **flachen** und **kurzen Atemweise** kommt.

Die Funktion der Nase ist gestört. Die **Filtration** (Bakterizität), **Anfeuchtung, Vorwärmung** der Einatemluft entfallen. Der Organismus ist anfälliger für Infekte.

Die **verengten Naseneingänge** deuten auf einen mangelnden Bewegungsreiz der Nase hin. Die Nase wird in ihrer Funktion nicht genügend oder überhaupt nicht benutzt (was nicht benutzt wird, verkümmert).

Die **Nasenschleimhaut** reagiert mit Trockenheit, nicht selten wird Nasenspray verwandt, um die Austrocknung zu unterbinden. Der Organismus gewöhnt sich an die Einnahme des Nasensprays. Die Nasenschleimhaut wird in ihrer Funktion gestört.

Normaler Weise sorgt das **Flimmerepithel** dafür, daß keine Fremdstoffe in den Organismus gelangen, und daß bei einer Ausatmung durch die Nase, die Flimmerhärchen in eine Richtung (zur Nase hinaus) bewegt werden. Eine mangelnde Nutzung der Nase kann diese Funktion des Flimmerepithels stören.

Die Atemweise ist so flach, daß der 3. Nasengang (Riechen) nicht genutzt wird.

Die **Riechfähigkeit** wird stark beeinträchtigt und läßt im Laufe der Zeit nach.

Die Mundatmung

und ihre Auswirkungen auf den perioralen Bereich

myofunktionelle Störung der Orofazialregion (Zungenfehlfunktion) ➡	orofaziales Muskelungleich-gewicht
Störung des muskulären Bewegungs-ablaufes (Dyskinesie) ➡	Aussprache-fehler
Zungenfehlfunktion - pathologisches Schluckmuster ➡	interdentale Zungenlage offene Mundhaltung
Lippeninkompetenz offene Mundhaltung ➡	Trockenheit des Mundes Durstgefühle
trockene Lippen durch offene Mundhaltung ➡	häufiges Lippenlecken Rhagaden (Hautschrunden)
geminderte Abwehrkräfte durch Mundatmung ➡	Anfälligkeit für - herpes labialis - periorale Ekzeme

Struck/Mols 1998

1.3 Die Mundatmung und ihre Auswirkungen auf den perioralen (äußeren) Mundbereich

Das **orofaziale Muskelungleichgewicht** wirkt sich störend auf das Schluckmuster, das Kauverhalten und die Aussprache eines Menschen aus. Der sogenannte äußere und innere Funktionskreis sind gegen das Gebißskelett gerichtet und aufeinander abgestimmt. Zum äußeren Funktionskreis zählen Teile der mimischen Muskulatur (M. orbicularis oris) und Teile der Kaumuskulatur (M. masseter). Die Zunge mit ihrer kaudalen und dorsalen Nachbarmuskulatur zählt zum inneren Funktionskreis. Der Kieferorthopäde Professor Tränkmann (Tränkmann 1997, in der Zeitschrift „Sprache, Stimme, Gehör" Nr. 21, mit dem Titel: „Ätiologie, Genese und Morphologie dyskinesiebedingter Dysgnathien" S. 152) schreibt: >Es ist anzunehmen, daß diese Funktionskreise formgebend für das Gebißskelett sind<. Diese Funktionskreise müssen miteinander arbeiten. Ist der innere Funktionskreis zu dominant und stark, so ist das Gleichgewicht gestört.

Aus dieser Störung der Orofazialregion entsteht meist auch eine **Störung des muskulären Bewegungsablaufs**, so daß die Zungen- und Lippenbeweglichkeit nur schwer aufeinander abgestimmt sind. Die Zunge stößt entweder an oder gegen die Zähne, die Lippen sind eher hypoton und am Sprechablauf nur gering beteiligt. Die Aussprache klingt undeutlich und verwaschen. **Aussprachefehler**, besonders die falsche Bildung der Zisch- und der Dentallaute, sind hörbar.

Die Zungenruhelage kann interdental sein. Eine geöffnete Mundhaltung läßt den vorderen Teil der Zunge schlaff auf der Unterlippe liegen (pathologisches Schluckmuster, siehe S. 55 in diesem Buch).

Weiterhin bewirkt die offene Mundhaltung eine Austrocknung des Mundes. Die Mundatmer klagen über einen trockenen Mundraum, lecken sich sehr häufig ihre Lippen, denn in der kalten Jahreszeit sind sie besonders spröde, trocken und rissig. Das Verlangen nach einem Fettstift ist groß. Die rissigen Mundwinkel werden immer wieder angefeuchtet und neigen dazu, sich chronisch zu entzünden (**periorale Ekzeme**).

Die Anfälligkeit für Herpes labialis steigt. Die Ursache sind geminderte Abwehrkräfte bedingt durch eine dauerhafte Mundatmung.

Die Mundatmung

und ihre Auswirkungen auf den intraoralen Bereich

die Speichelsubstanz verändert sich durch die Beimengung von Sauerstoff die offene Mundhaltung verhindert den Schutz des Zahnschmelzes →	Karies der Zähne Verfärbungen an den Zähnen
Zungenfehlfunktion - die Zunge formt durch ihre Fehlhaltung nicht den Kiefer und den Gaumen - offene Mundhaltung →	Kiefer- und Zahnstellungs- anomalien
Zungenfehlfunktion - pathologisches Schluck- und Sprechmuster →	addentale oder interdentale Zungen- ruhelage (Sigmatismus)
pathologisches Schluckmuster - Zungen- dyskinesie →	ausgeprägte Rugae palatinae
die Zunge kann ihre Arbeit als formende und formerhaltene Kraft nicht ausführen →	hoher, enger Gaumen
offene Mundhaltung - Zungenfehlfunktion →	vermehrter Speichelfluß
vergrößerte Tonsillae palatinae →	Einengung des Atemwegs

Struck/Mols 1998

1.4 Die Mundatmung und ihre Auswirkungen auf den intraoralen (Mundinnenraum) Bereich

Durch eine dauerhafte Mundatmung verändert sich die Substanz des Speichels. Die Beimengung von Sauerstoff führt dazu, daß die schützende Funktion, welche die Speichelsubstanz hat, nicht mehr wirkt und der Zahnschmelz anfälliger für **Karies** ist. Auf längere Sicht können **Verfärbungen an den Frontzähnen** sichtbar werden (sichtbar als weiße Querstreifen).

Die Zunge hat die Aufgabe, als formende Kraft den Gaumen und den Kiefer nicht nur auszubilden, sondern auch zu erhalten. Eine Fehlfunktion der Zunge, wenn sie zum Beispiel auf der Unterlippe liegt, führt zu einer Fehlbildung des Gaumens und des Kiefers. Daraus enwickeln sich mit großer Wahrscheinlichkeit **Kiefer- und Zahnstellungsanomalien**.

Durch den mangelhaften Mundschluß kann im Mundraum kein Vakuum erzeugt werden. Dieses Vakuum ist bei einem natürlichen Schluckakt notwendig, um den Speisebolus rachenwärts zu drücken. Dabei hebt sich die Zunge, drückt ihre Spitze an die Papilla incisiva (kleine Schleimhauterhebung) des Oberkiefers. Die seitlichen Zungenränder pressen sich an den harten Gaumen.

Bei einem **pathologischen Schluckmuster** (Zungenfehlfunktion) kann jeder dieser oben genannten Vorgänge gestört sein. Die Zunge wird beim Schlucken **nicht** an die Papilla incisiva, sondern gegen die Frontzähne oder sogar zwischen ihnen hindurch geschoben. Sie ist in ihrer Funktion als Sprech- Kau- und Schluckorgan gestört. Das Zusammenspiel von Zungen-, Kau- und Lippenmuskulatur ist ungünstig (**orofaziales Muskelungleichgewicht** genannt).

Die **Rugae palatinae** (derbe Schleimhautverdickungen am vorderen Anteil des harten Gaumens) ist stark ausgeprägt und gibt einen Hinweis auf eine Zungenfehlfunktion. Bei einem korrekten Schluckmuster ist die Rugae normalerweise abgeflacht.

Ein **hoher enger Gaumen** ist ebenfalls ein Hinweis auf eine Zungenfehlfunktion. Die Zunge ruht in einer Position, in der sie ihre Arbeit als formende und formerhaltende Kraft nicht ausführen kann.

Die offene Mundhaltung bewirkt einen **vermehrten Speichelfluß**. Die Mundschleimhaut trocknet aus. Der Körper produziert mehr Speichel. Da der Mund geöffnet ist, dringt dieser seitlich heraus (seitlich und unterhalb des Mundes kann der Speichelfluß Hautirritationen hervorrufen).

Die Tonsillen im Rachenraum sind stark angeschwollen, denn sie arbeiten auf „Hochtouren", weil sie versuchen, die eindringenden Bakterien und Viren abzuwehren. Das hat zur Folge, daß die Gaumenmandeln immer wieder entzündet sind (schwelende Entzündung=**chronische Tonsillitis**). Schluckbeschwerden, Halsschmerzen und eine kloßige Sprache sind die Konsequenz.

Die habituell erworbene Mundatmung
und ihre Auswirkungen auf den gesamten Körper

eingeschnürte Taille - zu eng anliegende Kleidung (Fehlverhalten in Fragen der Kleidung - modischer Trend) ➤	flache Atemweise - das Zwerchfell ist in seiner Beweglichkeit eingeschränkt
Fehlverhalten in Fragen der Ernährung - nicht altersentsprechende Nahrung - zu lange Flaschenernährung - zu breiige Kost (keine Stückchen) - zu lange Breikost ➤	zu weiche Nahrung - orale Inaktivität
hohe Schadstoffbelastung der Luft - die offene Mundhaltung ist eine negative Schutzfunktion des Organismus ➤	flache Atemweise Schwächung der Atemkapazität
fehlende Bewegungsmöglichkeiten - ➤ Sitzen im Buggy, mangelhafte Spielplätze....	mangelnde Bewegung

Struck/Mols 1998

1.5 Die habituell erworbene Mundatmung und ihre Auswirkungen auf den gesamten Körper

Fehlverhalten in Fragen der Kleidung

In der Praxis fällt häufig auf, daß manche Kinder zu eng anliegende Kleidung tragen. Besonders der Taillenbereich wird zum Beispiel durch einen zu engen Hosenbund oder einen engen Gürtel eingeschnürt. Dies führt dazu, daß das Zwerchfell als Hauptatemmuskel nicht optimal „arbeiten" kann, da nicht genügend Bauchraum zur Verfügung steht. So kann das Zwerchfell nur eine mangelhafte Kontraktion ausführen, so daß die Atmung flach und kurz wird.

Das **Fehlverhalten in Fragen der Ernährung** beginnt in frühester Kindheit. Harte Beißerfahrungen werden vermieden, wenn Kinder weiche Speisen essen. Die Brotrinden werden entfernt, Vorlieben für Pudding und Spaghetti entstehen, so daß sich mangelhafte orale Aktivitäten entwickeln. Eine zu lange Flaschenernährung, oder eine Vergrößerung des Loches am Flaschensauger, sowie eine zu breiige Kost (keine kleinen Stückchen), können ursächlich für diese orale Inaktivität verantwortlich sein.

Besonders in Großstädten kann die **hohe Schadstoffbelastung** der Luft, eine Ursache für eine zu flache Atemweise darstellen. Zum körpereigenen Schutz, um nicht zuviele Schadstoffe einzuatmen, stellt sich eine offene Mundhaltung ein. Der Weg der Einatemluft ist kurz und nicht so intensiv wie bei frischer, unbelasteter Luft.

Bewegung regt die Atmung an und die Atmung regt Bewegung an - ein natürlicher Kreislauf. In der heutigen Zeit sind das Bewegungsangebot und die Bewegungsmöglichkeiten der Kinder geringer geworden: nicht nur in den Großstädten ist es zu gefährlich geworden. Durch diese äußeren Einflüsse werden die Kinder dazu angehalten sich nicht mehr so viel zu bewegen. Kleinkinder werden zu lange in einem „Buggy" transportiert, weil es schneller geht (Zeitdruck der Eltern). Diese **Bewegungsarmut** in frühester Kindheit führt zu einer Schwächung der Atemkapazität.

1.6 Vergleich von Nasen- und Mundatmung bezogen auf den Mundraum

Auf den Zeichnungen (aus dem Buch von Schubert, F. Fachkunde für Zahnarzthelferinnen, Libromed Verlag Duisburg abgezeichnet) wird der Vergleich zwischen natürlicher Nasenatmung und schädlicher Mundatmung deutlich.

Die bisher genannten Auswirkungen einer dauerhaften Mundatmung sind auf der rechten Zeichnung deutlich zu erkennen.

Die Lage der Zunge ist von großer Bedeutung für die Formentwicklung des Gaumens. Durch ständigen, korrekten Zungendruck wird ein breites Gewölbe gestaltet. Ein harmonisches Verhältnis zwischen Ober- und Unterkiefer bildet sich.

Bei Mundatmern, füllt die Zunge die obere Hälfte der Mundhöhle nicht aus, sie hat keinen ausreichenden Platz. Es entsteht ein schmaler, hoher Gaumen (zusammengezogener Gaumen). Die Nasenscheidewand wird nach oben gedrängt und verkrümmt. Speisereste sammeln sich in den Wangentaschen an. Der M. buccinator (Wangenmuskel) ist wenig aktiv. Er schiebt während des Kauvorganges normalerweise die Nahrung zwischen die Backenzähne.

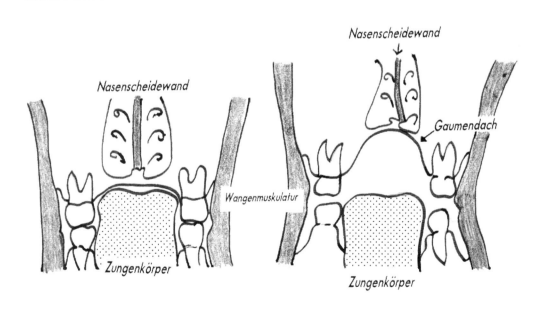

2. Schautafeln zur Problematik einer hartnäckigen Mundatmung

Die folgenden „Kreisläufe" stellen die Mundatmung und die sich daraus entwik-kelnden Folgeerscheinungen unter einem bestimmten Aspekt dar.

Sie dienen einem besseren Verständnis von Zusammenhängen im gesamten Organismus. Die kommenden Seiten können in einem Elterngespräch wertvolle Hilfen sein, um die Komplexität einer andauernden Mundatmung und deren Negativfolgen zu verstehen. Die Schautafeln helfen die Zusammenhänge zu erfassen. Die Überzeugungsarbeit und die Bitte der Therapeutin um Unterstüt-zung in ihrer sprachtherapeutischen Übungsbehandlung soll erleichtert wer-den.

Mundatmung und ihre Folgen
adenoid face

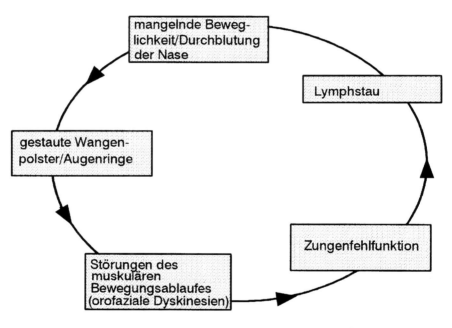

Struck 1998

2.1 Adenoid face

Adenoid face: typischer Gesichtausdruck, gekennzeichnet durch Gewebeschwellungen im Kopfbereich und Blässe, mit verdickten Nasenflügeln und teigig veränderten Unterlidregionen, sowie einer offenen Mundhaltung.

Durch die Mundatmung fehlt der Nase der **Bewegungsanreiz** (ohne Funktion bildet sich ein Organ zurück) und damit die optimale **Durchblutung**.

Durch schlaffe und untrainierte Muskulatur im Gesichtsbereich, folgt ein geringer Rücktransport der lymphatischen Flüssigkeit. Dieser **Lymphstau** führt zu **gestauten Wangenpolstern**, **Augenringen** und Blässe (die Aufgaben des Lymphgefäßsystems sind eine Drainage und ein Abtransport von Gewebsflüssigkeit in den venösen Blutkreislauf).

Gleichzeitig kommt es beim Schlucken, Sprechen und Atmen zu **Störungen im muskulären Bewegungsablauf**.

Eine offene Mundhaltung begünstigt eine **falsche Zungenruhelage**, die wiederum zu Aussprachestörungen und einem unkorrekten Schluckmuster führt. Über einen längeren Zeitraum hinweg, verändert sich die Form des Kiefers und hat gravierende Auswirkungen auf die Zahnstellung. Bleibende Schäden, wie Schwierigkeiten beim Zerkleinern der Nahrung oder Kiefergelenksschmerzen treten auf. Die Kiefergelenke werden falsch belastet und können sich verändern.

Mundatmung und ihre Folgen
Lippeninkompetenz

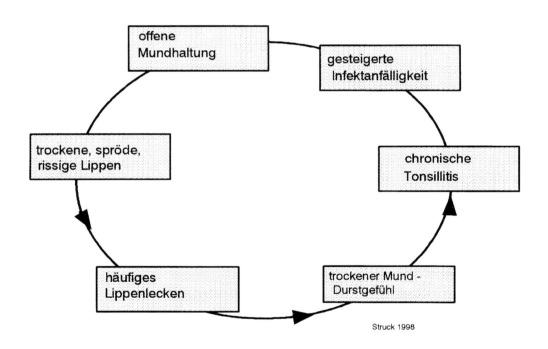

Struck 1998

2.2 Lippeninkompetenz

Die verengten Naseneingänge (Nichtbenutzung der Nase führt zu einer Ver-kümmerung des Organs) führen dazu, daß eine **dauerhafte, offene Mundhal-tung** auftritt. Die Mundhöhle ist für die Atmung ausschließlich ein Not- Ein-und - Ausgang!) Die Folge: **spröde**, **rissige** und **trockene Lippen**. Besonders in der kalten Jahreszeit, erfolgt ein **häufiges Lippenlecken**. Ein Fettstift findet „Dauerbenutzung". Der trockene Mund begünstigt ein ständiges Verlan-gen nach Getränken. Durstgefühle entstehen, mit zuckerhaltigen Getränken wird dieser „Teufelskreis" negativ unterstützt.

Die Tonsillen (Gaumenmandeln) „arbeiten" auf Hochtouren, denn sie versuchen, die eindringenden Fremdstoffe abzuwehren. Immer wieder entzünden sie sich (**chronische Tonsillitis**). Eine **Infektanfälligkeit** ist daher sehr viel häufiger, als bei einer natürlichen Atmung durch die Nase.

Mundatmung und ihre Folgen
Nasenfunktionsstörung

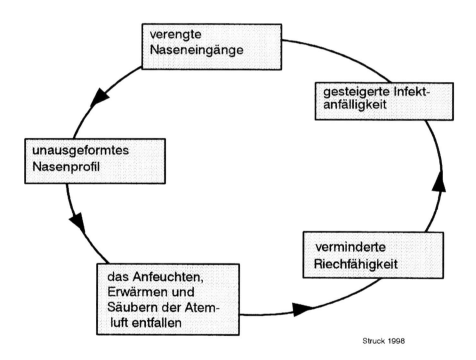

Struck 1998

2.3 Nasenfunktionsstörung

Die **Naseneingänge** sind **verengt**. Eine auffallend kleine Nase läßt auf eine mangelhafte Benutzung schließen. Das **Nasenprofil** ist **unausgeformt**. Die wichtigen, physiologischen Aufgaben der Nase entfallen: **Reinigung**, **Durchfeuchtung** und **Durchwärmung**. Der Luftstrom wird durch die Nase gelenkt vorbei an drüsenreicher Schleimhaut. Bei der Einengung des oberen Luftweges kommt es zu einer vertieften Atembewegung. Dieses alles entfällt bei einer dauerhaften Mundatmung.

Ebenso ist die **Riechfähigkeit eingeschränkt.** Die Einatemluft streicht nicht mehr an der Riechschleimhaut vorbei. Der Organismus enthält keine, oder nur viel zu geringe, olfaktorische Reize.

Durch den fehlenden Aufgabenbereich der Nase ensteht eine **gesteigerte Infektanfälligkeit**.

Mundatmung und ihre Folgen

Hörprobleme

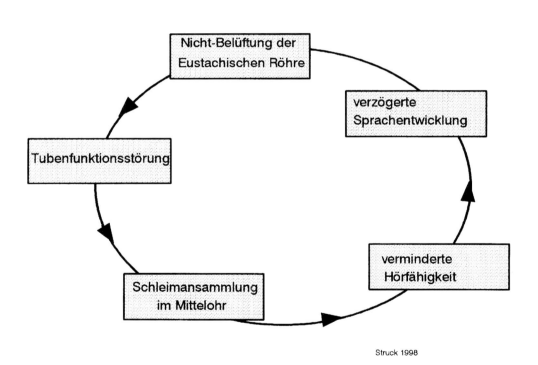

Struck 1998

2.4 Hörprobleme

Die **Nicht-Belüftung** der **Eustachischen Röhre** (Ohrtrompete oder >Tube< genannt) führt zu einer **Tubenfunktionsstörung**. Die Eustachische Röhre stellt eine Verbindung zwischen Mittelohr und Nasenrachen her. Sie ist zuständig für einen Druckausgleich zwischen Paukenhöhle (Mittelohr mit Trommelfell) und äußerer Umgebung. Die Tube wird durch Kontraktion der Schluckmuskulatur geöffnet, der Druckausgleich findet statt (Beispiel: fahren wir rasch einen Berg hinunter, müssen wir mehrmals spontan schlucken, um den Luftdruck zwischen drinnen und draußen auszugleichen). Die >Tube< ist mit Flimmerhaaren ausgekleidet und die „Härchen" schlagen in Richtung Nasenrachenausgang.

Wird über einen längeren Zeitraum die Tube nicht belüftet, so sammelt sich Schleim im Mittelohr an (**Schleimansammlung im Mittelohr**). Es kann sich zu einem Mittelohrerguß oder zur Entzündung entwickeln. Die **Hörfähigkeit** ist **vermindert** oder sogar aufgehoben. Bei Kindern kann dadurch eine **verzögerte Sprachentwicklung** eintreten.

Mundatmung und ihre Folgen
Mundmuskelfunktionsstörung
(Zungenfehlfunktion)

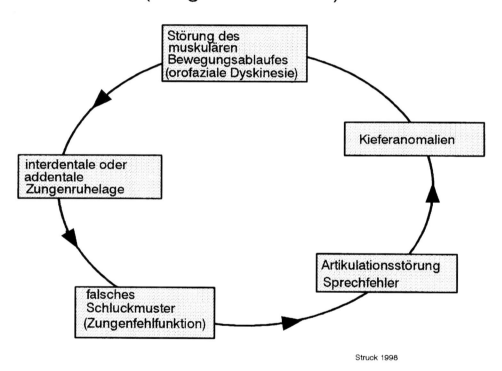

Struck 1998

2.5 Mundmuskelfunktionsstörung

(auch Zungenfehlfunktion genannt). Der **orofaziale Bewegungsablauf ist gestört** und befindet sich dauerhaft in einem muskulären Ungleichgewicht. Das Zusammenspiel von Zungen-, Lippen,- Kau- und Schluckmuskulatur harmoniert nicht.

Der Mundschluß erfolgt verkrampft unter größter Anstrengung.

Die Ruhelage der Zunge kann mittig, seitlich, oder an den Zähnen (**interdentale oder addentale Zungenruhelage**) sein. Die Zähne erhalten ständig Druck. Nach Jahren können diese Zähne locker werden, ein frühzeitiger Zahnverlust ist vorprogrammiert. Bei dieser Zungenfehlhaltung ist die Artikulationsstelle der Alveolarlaute ('d' - 't' - 'l' und 'n') an den Zähnen (und nicht, wie natürlich am Alveolarrand (Zahndamm). Aussprachestörungen (**Artikulationsstörungen** und **Sprechfehler**) sind hörbar und manchmal auch sichtbar. Eine fehlerhafte 's'- Lautbildung (Lispeln) kann eine weitere Folgeerscheinung sein.

Kieferanomalien entstehen. Eine Okklusion (die Zahnbögen von Ober- und Unterkiefer sind verzahnt „aufeinandergesetzt") ist durch die dauerhafte, offene Mundhaltung nicht möglich. Die Zunge ist vorverlagert und erfüllt ihre Funktionen nicht (die Aufgabe der Zunge ist unter anderem, den Gaumen zu formen). Siehe Zeichnung S. 64

III. Die Behandlung der Mundatmung

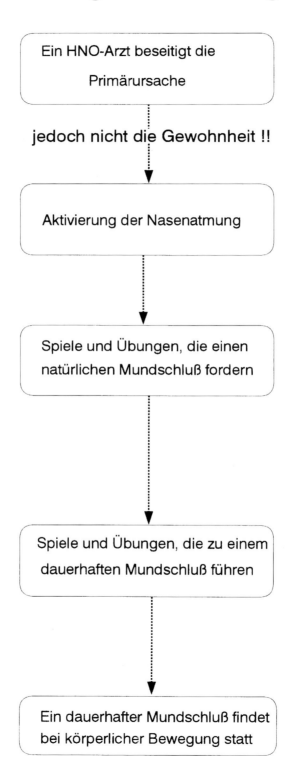

1. Untersuchung und Therapie der Mundatmung bei einem Hals-Nasen-Ohrenarzt

1.1 HNO-ärztliche Untersuchung

Der Hals-Nasen-Ohrernarzt untersucht:
- die Hörfähigkeit
- die Inspektion des Mund-Rachenraumes
- den Kehlkopf und die Tube
- die Nasendurchlässigkeit

1.2 Die Überprüfung der Nasendurchlässigkeit

Die Prüfung der Luftdurchgängigkeit der Nase erfolgt mit einem Metallspiegel, der unter die Nase gehalten wird. Die Ausatemluft beschlägt den Spiegel und gibt einen groben Eindruck über die Ventilation der beiden Nasenhaupthöhlen.

1.3 Beseitigung der Primärursachen und die „Gewohnheiten" einer dauerhaften Mundatmung

Die eventuelle Beseitigung der Primärursachen der Mundatmung, wie adenoide Vegetationen (Vergrößerung der Rachenmandel bei Kindern - häufig auch Polypen genannt) erfolgt durch eine Adenotomie (Entfernung der Adenoide durch eine Operation).

Die Septumdeviation (Verbiegung der Nasenscheidewand) weist auf ein traumatisches Ereignis hin. Sie wird durch einen HNO-ärztlichen Eingriff behoben. Allergien können eine natürliche Nasenatmung behindern und müssen behandelt werden.

Jones und Mann (in der Zeitschrift: Fortschritte der Kieferorthopädie Nr 46 (1985) „Orofaziale Dyskinesien und Veränderungen der nasalen, naso- und oropharyngealen Luftwege") stellten fest, daß Polypenentfernung und Tonsillektomie die Mund-Gesichts-Dysfunktionen nicht beseitigen. Dieses bestätigt unsere Aussage, daß ein HNO-Arzt die Primärursache beseitigt, jedoch **nicht** die Gewohnheit einer dauerhaften Mundatmung.

2. Untersuchungsmethoden in der Sprachtherapie

2.1 Nasendurchlässigkeitsprüfung

Das Kind nimmt einen Schluck Flüssigkeit auf, behält diesen im Mundraum, springt und hopst, wobei der Mund geschlossen bleiben soll. Gelingt dieses, so ist eine Nasendurchlässigkeit möglich. Sie ist nicht möglich, wenn dem Kind die oben angebotene Übung schwer fällt, das Kind Panik bekommt oder die Flüssigkeit ausspuckt. **Bei Schnupfen ist diese Überprüfung nicht möglich!** Eine weitere Möglichkeit der Überprüfung ist die, vor die Nase des Kindes eine kleine Feder oder ein Stückchen Watte zu halten. Bewegt sie sich, so ist eine Nasendurchlässigkeit gegeben.

2.2 Überprüfung des Mundschlusses

Bei sprachfreien Spielen kann ein natürlicher Mundschluß beobachtet werden. Kann das Kind den Mund geschlossen halten, oder liegt die Zunge zwischen den Lippen und verhindert somit einen natürlichen Lippenkontakt? Die Eltern können selten eine genaue Auskunft darüber geben. Die Therapeutin sollte das Kind unbemerkt beobachten, um festzustellen, ob eine offene Mundhaltung (OMH) und/oder Mundatmung vorliegt. Äußerlichkeiten, wie sie auf den vorherigen Seiten beschrieben wurden, sollten Beachtung finden (z.B. häufiges Lippenlecken, das Aussehen der Lippen...).

3. Konsequenz bei Fehlatmung

3.1 Aktivierung der Nasenatmung

Nachdem der Hals-Nasen-Ohrenarzt die Primärursachen einer Mundatmung beseitigt hat, erfolgen Spiele und Übungen zur Sensibilisierung der Nase. Sie wird als Atemorgan ins Bewußtsein gerufen und es kann sich ein Gefühl für den Nasenraum entwickeln. Die Nase wurde bis dahin kaum genutzt (ohne Funktion bildet sich ein Organ zurück), sie benötigt individuelle Reize. Olfaktorische Sinneseindrücke sind in diesem Falle ebenso wichtig, wie aktive und auch passive Bewegungsreize (Nasenmassage). Nachfolgende Spiele und Übungen zur Nasenwahrnehmung können dabei hilfreich sein (siehe nächstes Kapitel 4.: Vorbereitende Spiele und Übungen zur Aktivierung von Nase und Mundschluß). Die in diesem Buch aufgeführten Puste-, Blas- und Schneuz-Spiele aktivieren die Nasenatmung ebenso wie die Saug-Spiele. Auf eine verlängerte Ausatmung (bei der Ausatemfunktion des Pustens und Blasens) erfolgt nach der natürlichen Atempause eine vertiefte Einatmung und somit eine Regeneration der Atmung. Die Saug-Spiele kräftigen die Atemmuskulatur genauso, wie die orofaziale Muskulatur.

3.2 Natürlicher Mundschluß

Ein natürlicher Mundschluß ist das weitere Ziel in einer sprachtherapeutischen Übungsbehandlung. Kräftigungsübungen für die Mundschlußmuskulatur (M. masseter - Kaumuskulatur und M. temporalis - Schläfenmuskulatur) zählen ebenso dazu, wie die Sensibilisierung der Lippen (siehe hierzu Spiele in dem Buch: Kunterbunt rund um den Mund...) Zu einem natürlichen Mundschluß führen Spiele und Übungen, die einen guten Lippenkontakt fordern. Die Lippen sollten nicht zu angespannt und verkrampft aufeinander gepreßt werden. Ein natürlicher Mundschluß sollte locker und leicht möglich sein. Das Hauptprinzip eines natürlichen Mundschlusses sind Bewegungsübungen! Statische Halteübungen (Spatel oder Faden halten) genügen nicht, um zu einer dauerhaften Nasenatmung zu gelangen.

Beide Lippen ruhen locker aufeinander

3.3 Dauerhafter Mundschluß
Konsequente Übung und Durchhaltevermögen ist nötig, um die Gewohnheit der Mundatmung abzustellen und eine natürliche Nasenatmung anzubahnen. Die Übungen müssen regelmäßig durchgeführt werden, denn die Gewohnheit einer natürlichen Nasenatmung läßt sich erst allmählich durchsetzen und kann erst dann zu einem dauerhaften Erfolg führen.

3.4. Dauerhafter Mundschluß bei Bewegung
Der Organismus benötigt bei Bewegung sehr viel mehr Sauerstoff als im Ruhezustand. Die offene Mundhaltung ermöglicht keinen schnellen Sauerstoffaustausch. Im Gegenteil, der Organismus ist bei einer dauerhaften Mundatmung überhaupt nicht so leistungsfähig, wie bei einer natürlichen Nasenatmung. Bei der Umstellung von Mundatmung zur Nasenatmung sollte zuerst die Ausatmungsphase in Bewegung geübt werden. Zunächst bei geschlossenem Mund im Sitzen, dann im Stehen, Gehen und anschließend beim Treppensteigen. Dieser Ablauf wird dann zu einem späteren Zeitpunkt in der Einatmungsphase trainiert.

4. Vorbereitende Spiele und Übungen zur Aktivierung von Nase und Mundschluß

4.1 Nasenwahrnehmungsübungen
Im Folgenden werden Spiele aufgeführt, die die Nase in ihrer Funktion als Atemorgan ins Bewußtsein rufen. Die Nasenwahrnehmungsübungen in diesem Buch sensibilisieren die Nase. Sie regen die Nase an, ihre natürlichen Funktionen wieder aufzunehmen. Riechspiele fördern und fordern die Riechfunktionen und dienen ebenso der Aktivierung der Nasenatmung.

4.1.1 Spiele zur Nasenwahrnehmung
Die Nasenmassage und die Nasenwahrnehmungsspiele bewirken eine Lockerung von Gewebe und Muskulatur. Die Einatmung wird intensiviert. Die Durchblutung und der Lymphfluß werden angeregt. Bei der Nasenmassage wird eine Verbindung zu den umliegenden Bereichen der Gesichtsmuskulatur hergestellt.

4.1.2 Nasenmassage I.

die Nasenspitze wird hochgeschoben

eine Nasenöffnung wird zugehalten - der Nasenflügel wird „beklopft"

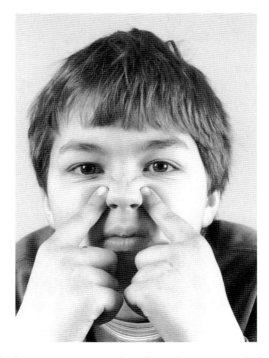

kreisende Bewegungen mit den Zeigefingern seitlich der Nase

4.1.2 Nasenmassage I.

Die **Nasenspitze** wird **hochgeschoben**. Von ganz automatisch setzt ein Einatemimpuls ein, ohne dieses benennen zu müssen. Der Mund ist geschlossen. Mehrmals hintereinander ausüben.

Eine **Nasenöffnung** wird mit dem Zeigefinger **zugehalten**. Der **Nasenflügel** wird mit dem anderen Zeigefinger **leicht „beklopft"**. Einige Atemzüge wird das so gemacht, dabei wird durch die Nase geatmet. Die Zeigefinger lösen sich von der Nase.
Nach einem kurzen Vergleich der beiden Nasenöffnungen untereinander, ist ein Seitenwechsel angesagt.

Beide Zeigefinger beginnen **seitlich** mit **rhythmisch kreisenden Bewegungen** an den unteren Nasenflügeln. Die Finger „wandern" langsam Richtung Nasenwurzel, die kreisende Bewegung wird beibehalten. Der Mund ist dabei locker geschlossen.

Die hier genannten Übungen sind nur möglich, wenn die Nase frei ist. Vorher Nase putzen! Bei einem abklingenden Schnupfen können sie unterstützend angeboten werden, um ein „freies Atemgefühl" zu erzielen. Ätherische Öle können ebenso ihre Wirkungsweise erreichen, indem sie in die Nähe der Nase gestellt werden.

4.1.3 Nasenmassage II.
Ausführung:

1. Zwei Bergsteiger packen ihren Rucksack. Sie wollen heute einen hohen Berg besteigen.

Die Fingerkuppen des 2. und 3. Fingers beginnen mit beidseitigen, kreisenden und rhythmischen Bewegungen an den unteren Nasenflügeln.
Die rhythmische Kreisbewegung: Leichter Druck bei der Einatmung, Nachlassen des Drucks bei der Ausatmung und Lösen in der Atempause.

2. Nach einer Stunde haben sie Hunger und machen Pause. Beide sind schon weit gekommen.

Mit der nächsten Einatmung ziehen beide Finger fortlaufend über den Nasenrücken zur Nasenwurzel. Dort verweilen die Finger mit der rhythmischen Kreisbewegung.

3. Nach zwei Stunden haben sie den Berg erklommen. Oben bleiben sie eine Weile und schauen sich um.

Dann ziehen die Finger wieder mit der Einatmung weiter zum Haaransatz, und verweilen mit der bekannten Kreisbewegung.

4. Jetzt machen sie sich wieder auf den Heimweg. Da fängt es an zu regnen. Alle Wege sind überschwemmt.

Die nächste Station sind die seitlichen Schläfen, auch hier wird die kreisende Bewegung wiederholt.

5. Zum Schluß rutschen sie in einem Rutsch nach Hause.

Beendet wird die Übung mit dem Ausstreichen des Unterkiefers.
a) Die Übung wird von Therapeutin und Kind gleichzeitig ausgeführt. Die Therapeutin spricht dazu die Geschichte.
b) Bei gutem Kontakt und wenn das Kind und die Therapeutin es mögen, kann die Therapeutin die spielerische Übung als Behandlung beim Kind ausführen: Sie kann dabei entscheiden, ob die Geschichte erzählt wird.

4.1.4 Schlittenfahrt

Ein **Schneegestöber** setzt ein.	Die Fingerkuppen beklopfen die Nase und die Bereiche der Nebenhöhlen und Stirn.
Jetzt gibt es eine **Schlittenfahrt**, mit Sprungschanze.	Die Fingerkuppen streichen vom Nasenrücken aus nach rechts und links oder von der Nasenkuppe runter zur Oberlippe.
Variation:	Im Sommer sind es Regen und die Wasserrutsche.

4.1.5 Aufräumen

Ich suche mein Lieblings- spielzeug. Da finde ich eine alte stinkende Bananenschale. „iiihhh" die stinkt!	Beide Fingerkuppen reiben die Nasenflügel.
Da mache ich doch schnell das Fenster auf. Nun ist kein Gestank mehr da und ich mache das Fenster zu. Jetzt habe ich auch mein Spielzeug ge- funden.	Die Nase wird gerümpft. Falls es nicht möglich ist mit den Fingern nachhelfen. Beide Nasenflügel werden mit den Fingern seitlich gedehnt. Die Finger streichen seitlich über beide Nasenflügel. Es entsteht eine Verengung (Nasenstenose). Dem folgenden Einatmungsreiz wird Raum gegeben.

4.1.6 Seehund im Zoo

Ich bin ein Seehund der Bälle balancieren kann.	Ein aufblasbarer japanischer Papierball wird auf der Nasenspitze balanciert.
Manchmal spiele ich mit der Nase auch Fußball.	Auf dem Tisch werden die Papierbälle in die jeweiligen Tore mit der Nasenspitze gebracht. (Markierung durch bunte Klebestreifen)

4.1.7 Wer ist da ?

Es klopft an der Tür. Ich frage: „Wer ist da ?" Ich mache die Tür auf: Niemand ist da! Ich rufe: „Keiner!"	Beide Fingerkuppen klopfen auf die beiden Nasenflügel. Beide Nasenflügel werden mit den Fingern seitlich abgehoben.

4.2 Geschichten zur Nasenwahrnehmung

4.2.1 Die Nase, die sich langweilte

Material: Papiertaschentuch und Duftstoff (z.B. Orangenöl)

Es war einmal eine Nase, die war müde und sie langweilte sich. Da ging sie zum Nasendoktor und er gab ihr folgenden Rat: „Ach, mit zwei bis drei Turnübungen ist die Krankheit vorbei." Die Nase war glücklich und gleich am nächsten Morgen probierte sie die Übungen aus:

> linker Flügel zwei mal nach links
> rechter Flügel drei mal nach rechts
> Nasenspitze deeehnen fertig!

Ja, tatsächlich sie fühlte sich schon besser. Doch sie langweilte sich noch immer. Da kam auf einmal ein Duft angeflogen und wollte mit der Nase spielen *(Taschentuch, ausgefaltet in der Mitte gefasst, wie eine Blüte)*.

Doch die Nase stand nur dumm da und konnte nichts mit der Duftwolke anfangen. Die Duftwolke dachte: ich will aber mit der Nase spielen, denn die anderen Duftwolken sind so „blöd!" Daraufhin kitzelte sie die Nase *(mit dem Taschentuch kitzeln)*.

Die Nase reckte sich *(Naserümpfen, Nase bewegen, mit den Fingern nachhelfen, wenn es noch nicht möglich ist)* und dachte: „Wer ist das denn?" und fragte: „Was willst du denn?"

Die Duftwolke sagte: „Ich will mit dir spielen!"

Die Nase antwortete: „Mir ist sooo langweilig".

Da meinte die Duftwolke: „Dann mach doch mal die Tür auf!"

„Na gut," sagte die Nase *(beide Nasenöffnungen nacheinander mit den Fingern aufziehen)*.

Doch enttäuscht meinte die Duftwolke: „Da passe ich nicht rein. Ich muß mich erst verzaubern." Schwups, da flog sie weg *(auf das Taschentuch einen Duftstoff z.B.Orangenöl träufeln)*. Nach einer kleinen Weile kam sie wieder vorbeigeflogen.

Die Nase rief: „Wo fliegst du denn hin? Du bist ja gar nicht verzaubert." „Doch" rief die Duftwolke und flog wieder an der Nase vorbei. So ging das ein paar mal. Auf einmal rief die Nase: „Jetzt weiß ich was Duftwolke bedeutet! Es riecht nach, mh Orange!"

Die Duftwolke antwortete: „Na siehst du, ich habe mich doch verzaubert und jetzt können wir zusammen im Orangenland spielen".

Jetzt war es der Nase endgültig nicht mehr langweilig.

4.2.2 Die Geschichte der kräftigen Nasenritter
Phantasiemärchen für Kinder ab fünf Jahren.
Vor der Erzählung ist es günstig, den Mundraum und die Nase zu ertasten.

Lars hat schon wieder Schnupfen und hört alles so dumpf und leise. Sein Kopf fühlt sich sehr schwer an. Er sitzt auf dem Sofa und träumt eine Geschichte.
„*Es war einmal eine wunderschöne Burg, die gehörte König Lars. Er besaß auf seiner Burg viele tapfere Nasen- und Mundritter, die Tag und Nacht wachten und seine Burg beschützen sollten. Die kräftigen Nasenritter besaßen glänzende Schwerter und funkelnde Schutzschilder.*
Seit einigen Wochen beobachteten die Nasenritter viele häßliche Bakterienkämpfer, die draußen vor der Burg lauerten. Diese hatten sich alle vor den offenen Lippentoren der Larsburg versammelt. Mit Schwung liefen sie in die große Mundhöhle der Burg und bekämpften dort die müden Ritter des Mundes, die in den Mandeltürmen weit hinten in der Larsburg wohnten. Die Mundritter wehrten sich solange mutig gegen die Bakterienangreifer bis sie knallrot vor Anstrengung waren. Aber es gelang ihnen nicht, die Bakterienkämpfer zu besiegen. So konnten diese ihre häßlichen Schnupfenkisten, Hustensäcke, und Fiebertaschen tief in den Mund der Larsburg hineintragen. Die kräftigen Nasenritter mußten tatenlos zusehen, denn im Mund der Larsburg konnten sie die Angreifer nicht abwehren.
König Lars wurde schrecklich müde. Er war verzweifelt und wußte nicht was er tun sollte. Die Lippentore seiner Burg schlossen sich nicht mehr und immer neue häßliche Schnupfenkisten, Hustensäcke und Fiebertaschen kamen in seine Burg.
Da hörte er von einer klugen Fee, die außerhalb seiner Burg wohnte. Bereits am nächsten Morgen machte er sich auf den Weg, um diese Fee zu suchen. Als er sie endlich nach vielen Tagen gefunden hatte, erzählte die Fee ihm das Geheimnis

*der geschlossenen Lippentore. Sie zeigte König Lars, wie er die Lippentore schlie-
ßen mußte, damit keine häßlichen Bakterienkämpfer mehr eindringen konnten.
Die Bakterienkämpfer gaben jedoch so schnell nicht auf. Heimlich versuchten sie
hochzuklettern und durch die kleinen Nasenöffnungen in die Larsburg zu gelangen. Hier waren jedoch die tapferen, kräftigen Nasenritter mit ihren glitzernden
Schwertern, die nun die Angreifer abwehren konnten. So purzelten die häßlichen
Bakterienkämpfer aus der Nase heraus und suchten das Weite.
Seit diesem Tag hielt König Lars die Lippentore so oft er konnte geschlossen. Nur
wenn die Wagen mit den frischen Speisen der Bauern in die Burg einfuhren und
wenn sein Freund, König Jonathan, zu Besuch kam, mit dem er viel zu erzählen
hatte, öffnete er die Tore."*

Seitdem Lars die Lippentore schließen kann, haben seine kräftigen Nasenritter
mit den glänzenden Schwertern jeden Bakterienkämpfer besiegt und Lars freut
sich: **Jetzt ist er stark!**

4.2.3 Die Geschichte vom Riechen und Erforschen Deiner Nase

Nun erwartet Dich eine recht bewegte und aufregende Reise in das Innere
Deiner Nase:
(Papiertaschentuch mit ätherischem Öl beträufeln - Duftvorschläge siehe S. 102
in diesem Buch)
Der Duft, welchen Du nun einatmest, dringt in Deine beiden Nasenöffnungen
ein. Hier findet sich ein Gewirr von kleineren und größeren Härchen, die kreuz
und quer im Weg stehen.
Der Duft dringt durch dieses Gewirr und erreicht die sogenannten „Riechhär-
chen". Diese befinden sich im obersten Teil Deiner Nase. Sie sind so gut versteckt, daß Du sie nicht mit Deinen Fingern erreichen kannst, auch wenn Du
noch so tief in Deiner Nase bohrst.
Wenn Du nun ganz konzentriert riechst *(Papiertaschentuch mit dem Duft vor
die Nase halten)* und zugleich nachdenkst, dann fällt Dir sicherlich ein, welchen
Duft Du im Moment riechst.
Mh! Magst Du diesen Duft? Vielleicht magst Du noch einmal riechen? Es könnte ja sein, daß du diesen Duft besonders gerne riechst!
Sicherlich kennst Du auch unangenehme Düfte oder Gerüche. Du denkst und
sagst dann bestimmt „Bäh!" - „das stinkt ja!"
Vielleicht hälst Du Dir Deine Nase zu, weil Du diesen Duft nicht riechen magst.
Wenn Du nämlich Deine Nase zuhälst, dringt der Geruch nicht an Deine Riech-
härchen und somit kannst Du nichts riechen.
Aber den Duft, den Du soeben gerochen hast, der ist angenehm und Du spürst,
wie dieser Duft in Deine Nase eindringt und sich ausbreitet.
Auf einmal kannst Du Deinen sogenannten „Nasenraum" bewußter spüren.
Dein Mund bleibt dabei geschlossen, denn die gesamte Luft, oder besser gesagt
der Duft strömt in Deine Nase. Oder hast Du etwa schon einmal mit Deinem
Mund etwas gerochen?
Mir ist das noch nie gelungen.

4.3 Elternmitarbeit

Die Elternmitarbeit kann so aussehen, daß die Eltern über die Nachteile, einer dauerhaften Mundatmung für eine gesunde, körperliche Entwicklung ihres Kindes aufgeklärt werden.

Dieses Buch wurde so konzipiert, daß es durch übersichtliche **Schautafeln** (Seite 65) die Problematik einer hartnäckigen Mundatmung darstellt, um Eltern die Bedeutung einer natürlichen Nasenatmung besser vermitteln zu können. **Aufklärung** bedeutet auch mehr **Verständnis** und **Unterstützung** von Seiten der Eltern. Die Eltern sind motivierter und einsichtiger und können die Sprachtherapie besser unterstützen.

Denn eine dauerhafte Nasenatmung stellt sich erst allmählich ein. Das heißt, ohne die Mitarbeit der Eltern, reichen wöchentliche Therapieeinheiten von 45 Minuten nicht aus, um eine natürliche Nasenatmung dauerhaft zu erreichen.

Die Elternmitarbeit kann darin bestehen, die Übungsmöglichkeiten die einen natürlichen Mundschluß fordern, als sogenannte **Übungsaufgabe** mit nach Hause zu geben. Weiterhin kann mit den Eltern überlegt werden, wie sie die häuslichen Übungen, um einen dauerhaften Mundschluß zu erzielen, anwenden und wirklich trainieren können. Die Seite mit den Übungsvorschlägen in diesem Buch kann kopiert werden.

Die Eltern sollten überlegen, was sie in der Woche realistisch zu Hause durchführen können. Von Termin zu Termin können sie sich zum Beispiel ihr Vorhaben aussuchen und es ihren Möglichkeiten anpassen. Geduld ist hier wichtig - Druck falsch.

Den Eltern muß immer wieder erneut erklärt werden, daß die Nasenatmung wichtig ist. Die Eltern erleben überall und immer wieder ungesunde und falsche Funktionen als „normal".

4.4 Spiele, die einen natürlichen Mundschluß fordern
Die folgenden Spiele und Übungen fordern einen natürlichen Lippenkontakt:

– mit locker aufeinander liegenden Lippen summen
– mit beiden Lippen ein kurzes Stück Faden halten
– ein Faden (Durchmesser ca. ein Millimeter) wird mit vielen Knoten versehen. Dieser Faden wird langsam zwischen beiden Lippen hindurchgezogen. Der Spieler zählt die Knoten.
– mit beiden Lippen einen Zahnstocher/Spatel/Trinkhalm halten (einmal quer halten/einmal längs halten)
– einen Knopf halten
– mit locker geschlossenen Lippen ein zuckerloses Bonbon lutschen
– mit locker geschlossenen Lippen ein zuckerfreies Kaugummi kauen
– mit locker geschlossenen Lippen ein Kaugummi kauen, dabei summen

– einen Halbedelstein (Bonbongröße) mit locker geschlossenen Lippen lutschen
– Lippenspielereien: * ein hörbarer Mundschluß wird erzeugt – Schmatzgeräusche (leise-laut) * eßbare Gegenstände, wie Salzstangen, Oblaten, Nüsse, werden mit den Lippen aufgesammelt * nicht eßbare Gegenstände, wie Büroklammer, Papier, Pappe, Spatel, Trinkhalm.... werden mit den Lippen aufgesammelt- Flüssigkeitsmassage: ein Schluck Wasser wird im Mundraum hin und herbewegt und mit geblähten Lippen gehalten
– Sprechverse mit den Lippenlauten „**p**" und „**b**": **Pl**ötzlich **pl**atschte **pr**asselnder **Pl**atzregen nieder. Er **pr**allte auf **pr**achtvolle **Pam**pelmusen. Sie **p**urzelten **prom**pt in den **P**ark. **P**aul **p**ellte ein **p**aar und **br**achte sie **pr**ahlend zu **Pa**pa.
– eine kleine Geschichte mit den Lippenlauten „p" und „b": „**Pa**pa" sprach **Bepp**o, sollen wir nicht eine **P**addeltour mit einem **pr**ächtigen **P**icknick **p**lanen? **Pr**ima, **pl**a**pp**erte **Pa**pa. Wir **p**acken **P**icknicktaschen – bis zum **P**latzen **pr**all. **Prom**pt **p**assiert eine **P**anne. Die **pr**allen **P**a**pp**tüten **p**endeln **p**lötzlich gegen die **Papp**el. Die **Papp**tüten **pl**atzten und **pl**ötzlich **p**urzeln **P**aprika, **P**eperoni und **P**ellkartoffeln unter die **Papp**el.
–   **p**a**pp**erla**papp** – **p**a**pp**erla**papp** – **p**a**pp**erla**papp** –
weitere Lippenübungen/Mundschlußübungen in dem Buch: Kunterbunt rund um den Mund von I. Adams, V. Struck und M. Tillmanns-Karus, verlag modernes lernen, Dortmund 1996

4.5 Übungen, die zu einem dauerhaften Mundschluß führen

Die Möglichkeiten, einen dauerhaften Mundschluß zu erzielen sind sehr vielfältig. Immer wieder muß an einen natürlichen Mundschluß erinnert werden, denn die negative Gewohnheit ist sehr stark. Über Jahre hinaus, hat sich eine Hartnäckigkeit in Bezug auf die offene Mundhaltung eingestellt, so daß sehr viel Anstrengung, Geduld und Ausdauer notwendig sind.

Die folgenden Übungen können in der Therapiesituation angesprochen werden. Zusätzlich müssen die Eltern motiviert und miteinbezogen werden, außerhalb der Behandlungsstunden immer wieder ihre Kinder zu beobachten, anzusprechen und zu unterstützen. Die folgenden Möglichkeiten können mit den Eltern besprochen werden. Die Eltern überlegen gemeinsam mit dem Kind, welche Aufgaben möglich sind. Sie können sich geeignete Übungen heraussuchen und sie konsequent durchführen.

Häusliche Übungen, um einen dauerhaften Mundschluß zu erzielen:

- ein überkreuz über den Mund geklebter Klebefilmstreifen (oder auch hautfreundliches Heftpflaster) soll deutlich machen, daß ein Mundschluß über einen etwas längeren Zeitraum möglich ist.

- nach M.A. Bolten (Muskelfunktionstherapeutin in Wiesbaden) kann auch ein ca. 4 cm langes hautfreundliches Heftpflaster senkrecht über die Lippenmitte geklebt werden. Es ist darauf zu achten, daß die Klebefläche über dem Lippenrot mit einem weiteren Pflaster abgeklebt wird, um Hautreizungen zu vermeiden.

- bei häuslichen Beschäftigungen wird ein Faden locker mit geschlossenen Lippen gehalten

- bei sprachfreien Spielen wird ein Holzspatel/Knopf(waagerecht)/Gummiring/Reiskorn/Nüdelchen locker mit geschlossenen Lippen gehalten

- eine Backoblate wird locker zwischen Ober- und Unterlippe gelegt (sie verklebt den Mund)

- die Dauer des Lippenschlusses wird gemessen. Das Ergebnis kann in eine Mundschlußtabelle eingetragen werden

- Atemschriftzeichen nach G. Schümann (Atem-Sprech- und Stimmlehrerin) siehe Literaturverzeichnis in diesem Buch

- Stichwort: Krokodil: die Eltern überlegen sich mit ihrem Kind ein Stichwort, bei dem das Kind seinen Mund schließt oder daran denkt (die negative Aussage: Mund zu, fällt weg)

- Markierungspunkte in das Zimmer kleben – diese sollen an einen dauerhaften Mundschluß erinnern

- am Abend überlegen, was war am heutigen Tag? Darüber sprechen, wann war der Mund zu .....- Mundschlußtraining (Materialbogen 6.1.16), während des natürlichen Mundschlusses, malt das Kind das vorgegebene Kästchen mit einem Bild oder nach Belieben mit einem Muster aus.

- weiterhin Bewegungsübungen mit den Lippen, wie täglich nach dem Zähne putzen: Flüssigkeitsmassage (siehe S. 88 in diesem Buch)

- Mundschlußtafel: täglich zu einer bestimmten Uhrzeit wird das Kind gefragt – ist der Mund zu, so wird ein positives Zeichen in die Mundschlußtafel gemalt, ist er geöffnet, so ein negatives Zeichen

- Pluspunkt: immer wenn das Kind von einem Familienangehörigen mit geschlossenen Lippen gesehen wird, erhält es eine Pluspunkt (Klebepunkt in ein kleines Heft). Nach ca. 20 erreichten Pluspunkten, erhält das Kind ein kleines Geschenk

- Nasenspülungen mit Kochsalzlösungen (Nasendusche in Apotheken erhältlich)

- Nasenmassagen und Nasenübungen siehe in diesem Buch S. 80

- Spiel: Papierrüssel/Luftballon mit Nase aufblasen – regelmäßig täglich durchführen (Anleitung in diesem Buch S. 187)

- weitere Spiele und Übungen in dem Buch: Kunterbunt rund um den Mund, verlag modernes lernen 1996 von Adams, Struck und Tillmanns-Karus

Als häusliche Übung können Riech-Spiele durchgeführt werden

4.6 Ein dauerhafter Mundschluß bei Bewegung sollte zu einem späteren Zeitpunkt möglich sein. Das Kind sollte kein unangenehmes Gefühl bei geschlossenen Lippen haben. Dann kann es zu Panikgefühlen, nicht genügend Luft durch die Nase zu erhalten, kommen. Bei Schnupfen und sonstigen Nasenatmungsbehinderungen, wie Allergien, sollten die oben genannten Spiele und Übungen nur dann durchgeführt werden, wenn die Nase nach dem Nase putzen frei ist.

IV. Ein- und Ausatembetonte Spiele

1. Methodische Hinweise

Die methodischen Hinweise sind unter dem Blickwinkel der einzelnen Atemfunktionen, Einatmung, Ausatmung und Pause aufgeteilt, jedoch läßt sich die Verbindung zu den anderen Atemfunktionen nie wegdenken. So wird in der Einatemfunktion die Ausatmung bedacht und umgekehrt. Die Pausenfunktion stellt den wichtigsten und elementarsten Ausgleich dar für einen gesunden und nutzbringenden Ablauf der Atemspiele.

Zu den anatomischen und funktionalen Grundlagen kommen die seelischen Aspekte dazu. Diese Aspekte können der Therapeutin einen Impuls für den methodischen Aufbau der Atemspiele geben.

1.1 Methodische Hinweise zu den einatembetonten Spielen

Aspekte, die die Einatmung betreffen:
– etwas aufnehmen – annehmen
– etwas hereinlassen
– bereit sein
– Anreicherung
– sich etwas einverleiben
– etwas holen, das ich gebrauchen und verwerten kann oder will
– Aktivität, Impuls, ich muß etwas tun
– ich muß oder kann testen, ob es gut für mich ist
– Zulassen des unwillkürlichen Einatemimpulses

Allgemein sollte versucht werden die Veränderung fehlerhafter Funktionen nur über indirekte Anleitungen zu verbessern. Aussprüche wie: „ziehe die Schultern nicht hoch" geben dem Kind keine positive Rückmeldung und keine direkte Anweisung wie es sein soll. Es betont den negativen Teil. Ein wünschenswerter Prozeß könnte sein:
a. die Therapeutin nimmt wahr, das Kind zieht die Schultern hoch
b. die Therapeutin klärt für sich, welche Angebote und Möglichkeiten sie hat, das Kind indirekt darauf aufmerksam zu machen.

Im weiteren Verlauf werden Beispiele von Problemen und deren Lösungen bei den einatembetonten Spielen aufgezeigt:

Problem: Hochatmung, Hochziehen des Schultergürtels verbunden mit ziehenden Einatemgeräuschen, sichtbare Anspannung der Halsmuskulatur

Lösung: Pausenfunktion beachten, (siehe unter Pausenfunktion)
Wechsel zu ausatembetonten Spielen
Wechsel der Haltung (siehe unter Körperhaltung), und beobachten, ob das Kind in der anderen Körperhaltung die Einatmung leichter bewältigen kann.
Leistungsanspruch überprüfen. (Das Kind denkt: „ich muß jetzt besonders viel, oft und lange saugen, sonst gewinne ich nicht.")
Spielregel individuell verändern.

Hinweise zu den jeweiligen Atemfunktionen beachten!
Die Vorbildfunktion überprüfen. Wie atme ich als Therapeutin?

Problem: Verstopfte, verschnupfte oder allergisch verschleimte Nase

Lösung: Nase putzen
Hochschniefen des Sekrets
Nasenwahrnehmungsübungen anwenden, um die verstopfte Nase
zu befreien Den Nasenraum bewußter machen, damit der Weg der
Luft nicht als unangenehmer Weg vermieden wird.

Problem: „enge Kehle", ziehendes Einatemgeräusch, angestrengte Einatmung,
sichtbar angespannte Halsmuskulatur,

Lösung: Nase von Sekret befreien
Vorstellungshilfen für die Einatmung:
- die Augen groß öffnen, wie ein erstaunter Löwe
- die Nase öffnen, wie ein Kamel im Zoo
- mit geschlossenen Lippen kauen, wie eine Kuh
Bewegungsveränderung im Spiel, andere Spielhaltungen einnehmen
Leistungsanspruch im Spiel herabsetzen, falls dies möglich ist, um
mehr Freiraum für die Einatmung zu erreichen.
Pausenfunktion überprüfen.

Problem: Vermehrtes Einatmen, das Kind will immer mehr einatmen, es zieht
wiederholend die Luft ein und gibt zu wenig ab, Gefahr der Hyperventilation

Lösung: Wechsel zu den einfachsten ausatembetonten Spielen, Pausenfunktion beachten.

Die Vorbildfunktion der Therapeutin:
Auch die Therapeutin sollte die eigene Atmung überprüfen, um zu wissen was
sie vormacht. Die Übertragung der Atemweise des Kindes auf die Therapeutin
kann erheblich sein. Folgende Kriterien bei den ausatembetonten Spielen können hilfreich sein:
– überprüfen, ob man selbst bei der Einatmung „zieht".
– Ruhe beim Spiel bewahren, das eigene Weiteratmen beachten.
– Mitmachen, um selbst zu spüren was man verlangt.

1.2 Methodische Hinweise zu den ausatembetonten Spielen:

Aspekte die die Ausatmung betreffen:

– etwas abgeben
– etwas entlassen
– etwas weggeben
– etwas verbreiten
– ausströmen
– sich ausweiten

- etwas in Bewegung bringen
- etwas umsetzen
- etwas entwickeln

Probleme und Lösungen für die ausatembetonten Spiele:

Problem: Schnappatmung (schnelles hörbares kurzes Einatmen), z.B. das Kind zieht ganz schnell Luft ein, um schnell viel **auszupusten.**

Lösung: Pausenfunktion überprüfen
Leistungsanspruch z.B. durch Regeln oder Spielwechsel verändern

Problem: Das Kind, das zuviel ausatmet und sich nicht bremsen kann.
Es findet Reiz am Ausatmen, z.B. Pusten, und hört von selbst nicht mehr auf bis es gar nicht mehr kann, bis ihm schlecht ist, oder rot anläuft (Gefahr der Hyperventilation).

Lösung: Pausenfunktion beachten
Begrenzung der Ausatmung durch Regeln, z.B. Rollentausch von Therapeutin und Kind.
Fortsetzung in die nächste Schwierigkeitsstufe, als Dosierungsmöglichkeit für die Ausatmung, z.B. vom Pusten zum Blasen.

Problem: Das Kind, das kaum ausatmen kann oder mag.

Lösung: Die Dosierung im Spiel herabsetzen und so kalkulieren, daß das Kind die Aufgabe bewältigen kann. Die einfachsten Ausatemspiele auswählen (erste Puste-Spiele).
Der Reiz mit der eigenen Puste etwas zu bewegen, erhöht den Reiz, mehr ausatmen zu wollen.

Problem: Feuchte Ausatmung, Speichelregen

Lösung: Übungen zum Mundschluß, sowie Nasenwahrnehmungsübungen anbieten. Einen Trinkhalm mit großem Durchmesser benutzen.

Problem: Gepreßte Ausatmung, Anspannung der Halsmuskulatur, Einziehen der Bauchdecke

Lösung: Nasenwahrnehmungsübungen zur Aktivierung der Muskulatur,
zu enge Hosenknöpfe oder Gürtel überprüfen,
Spiel in anderer Haltung/Bewegung ausprobieren
Wechsel zu Riechspielen

Hinweis für die Therapeutin:
- selber mitmachen, um die Schwierigkeitsgrade leichter zu erkennen
- Wechsel von Therapeutin und Kind bewirkt eine natürliche Pause
- Klare Regeln und Begrenzungen setzen, um die Länge der Ausatmung zu bestimmen

– behutsam mit der Forderung der Ausatmung als Leistung umgehen

Ein Kind wird nur soviel ausatmen oder abgeben, wie es kann und will. Kommt der Reiz durch das Spiel, etwas abzugeben, wird sich die Ausatmung von selbst sehr schnell verlängern. Ist die Bereitschaft noch nicht vorhanden, so muß die Therapeutin Geduld haben, warten und andere, leichte Spiele anbieten.

Reaktionen eines Kindes, daß zuviel ausatmet oder ausgeatmet hat:
– „ich kann nicht mehr"
– „mir wird schlecht"
– hochroter Kopf
– hastiges Atmen und sehr hastige Bewegungen (übersteigertes Atmen, Gefahr der Hyperventilation)

1.3 Methodische Hinweise zur Pausenfunktion:

Zu dieser Funktion gibt es keine Spiele. Die Pause gehört unscheinbar, jedoch wirkungsvoll dazu.

Die Aspekte der Pause:
– Lösen
– Abschließen
– sich verabschiedet haben von der letzten Ausatmung
– bereit sein loszulassen, um neues aufzunehmen
– bereit sein loszulassen und zu warten bis etwas Neues (Einatmung) kommt
– geschehen lassen
– die Atemmuskulatur arbeiten lassen, ohne direkten willentlichen Einfluß

Diese Aspekte sind im normalen Atemablauf nicht so spürbar. Es ist wichtig, daß die Therapeutin sich dieser Zustände bewußt ist, denn sonst wird ein Kind in den Spielen immer überfordert. Die Atmung wird vielleicht angeregt, aber sie wird nicht aufbauend verwertet.

Die natürliche Atempause, die in jedem ökonomischen Atemgeschehen auftritt, stellt für den Organsimus eine positive Pause dar. Sie entsteht auf natürliche Weise und wirkt sich regenerierend auf den gesamten Körper aus.

In den ausatembetonten Spielen:

Beispiel: Spiel "Pusten". Hier fliegt die Papierummantelung des Trinkhalms herunter. Um die Hülle wieder auf den Trinkhalm zu ziehen, vergeht Zeit, diese Zeit besteht aus:

a) einer Pause innerhalb des angegebenen Spiels

b) mehreren „unkontrollierten" Atemzügen (Einatem, Ausatem, Pause), d.h. sie werden nicht durch die Spielregel bestimmt.

In den einatembetonten Spielen:

Beispiel: „Riechspiel". Hier entsteht die Pause in etwa so: Der Duft wird aufgenommen, das Kind überlegt, währenddessen fand schon wieder eine Ausatmung statt. Das Zuklappen des Deckels und das Hinstellen der Dose braucht Zeit. Diese Pausenzeit ist Verarbeitung des soeben Aufgenommenen und neugierig werden auf das Nächste. Es wächst der Impuls zur neuen Aufnahme.

Es gibt die Pause während des Spiels, sie beinhaltet eventuell mehrere Atemzüge, so wie oben beschrieben und die normale Pause nach jeder Ausatmung. Um eine natürliche Pause nach jeder Ausatmung zu fördern und zu unterstützen, da sie den Rhythmus der ökonomischen Atmung erhält, ist es wichtig, den Pausen in den Atemspielen Beachtung zu schenken. Die normale Atempause, die leider so oft übersehen wird und so unscheinbar wirkt, wird oft nicht benannt. Dies sollte im Spielgeschehen auch so bleiben. Es ist wichtig sie indirekt herzustellen, nicht mit dem Wort Pause zu benennen, da sonst ein Innehalten, Luft anhalten, oder ein Stopp entsteht.

Die Therapeutin sollte selbst die Ruhe und Achtsamkeit mitbringen, natürliche Pausen, die ein Kind einbaut zu akzeptieren und situativ durch ein anderes Spiel oder eine andere Regel zu verändern. Ein Antreiben zum schnelleren Ein- oder Ausatmen wird die Pausenfunktion einschränken und keinen bleibenden Erfolg bringen, da die Atemfunktionen nicht dem Kind angemessen waren.

Unterstützende Maßnahmen zur Pausenfunktion:
– abwechselnd spielen
– dem Kind eine Frage stellen oder etwas Passendes zum Spiel erzählen
– unterbricht das Kind selbst, die Pause gewähren.

1.4 Rhythmische Stundengestaltung

Der natürliche Wechsel von Ein-, Ausatmung und Atempause oder von Aufnehmen, Abgeben und Lösen, der sich bei jedem Atemzug vollzieht, bildet eine der Situation angepaßte Einheit.

So ist es auch bei den Atemspielen sinnvoll, zu wechseln. Nur Puste-Spiele oder Riech-Spiele für eine Therapieeinheit zu verwenden, wäre nicht dem natürlichen Atemablauf gemäß und überfordert den Körper in eine Richtung.

Wird nur eine Funktion geübt, so sollten nicht mehr als zwei Spiele innerhalb eines Zeitraumes gespielt werden.

Sollen mehrere Atemspiele gespielt werden und mit anderen Übungen aus der Sprachtherapie verbunden werden, dann ist es ratsam, öfters zu wechseln oder ganz andere Spiele/Übungen, die nicht mit der Atmung direkt kombiniert werden dazwischenzuschieben. So entsteht ein Rhythmus der individuell dem Kind angepaßt wird.

Oft entsteht von selbst ein Wechsel von ausatem- und einatembetonten Spielen. Doch es sollte keine feste Regel sein, da es eine Unflexibilität in sich birgt.

Einzelne Atemfunktionen einer Gruppe können sich gegenseitig ergänzen und die Atemmuskelarbeit verstärken, zum Beispiel: ein Blas-Spiel, das auf einem Puste-Spiel aufbaut, wird die im Puste-Spiel erarbeiteten Muskelfunktionen im Blas-Spiel verfeinern. Danach ist der Wechsel zur Einatemfunktion wieder angebracht, oder eine Pause durch ein ganz anderes Spiel, das die Atemmuskeln nicht so extrem fordert.

1.5 Körperhaltung bei den Atemspielen

Definition laut deutschem Wörterbuch (die folgenden Definitionen sind dem Wörterbuch von K.-D. Bünting entnommen)
zur **Haltung**:
a.) Körperhaltung
b.) Verhalten, Denken, Urteil, Meinung
c.) Haltung bewahren (sich beherrschen)
d.) Besitz

Definition laut deutschem Wörterbuch
zu dem Begriff **halten**:
a.) etwas in den Händen halten
b.) nicht weglassen
c.) fangen und nicht loslassen
d.) Meinung, Einstellung, Einschätzung und Stellung beziehen
e.) sich wenden und richten nach
f.) mit Erfolg verteidigen
..... und weitere

Aus diesen Formulierungen wird deutlich, daß die Haltung und das Halten, sich immer in Bezug zu etwas befinden. So verändert sich die Aufrichtung (Haltung) des Körpers in Bezug zur Schwerkraft und zu unterschiedlichen Gegebenheiten. Im Körperlichen können wir dieses durch verschiedene Materialien unterstützen: Tisch, Stuhl, Wand, Bälle, Boden und Weiteres, das sich im Therapieraum befindet.

In der Ausatmung ist dies der Widerstand, der der Ausatemluft entgegengesetzt wird (ob Pusterohr/Trinkhalm oder die eigenen Wangen). Auch bei dem zu bewegenden Gegenstand (Schaschlikspieß oder Wattebausch) muß der Körper einen Bezug zum anderen Material herstellen. Dementsprechend wird sich die Körperhaltung ändern.

Beispiele für die Veränderung der Körperhaltung:

Riechen:
Ein Motor zur Aufrichtung ist die Neugier. Was duftet da? Was rieche ich?

Saugen:
Das Erhalten einer stabilen Aufrichtung. „Das kann ich saugend halten", „das bleibt bei mir".

Pusten:
Ich gebe ab, stoße etwas von mir und erhalte mir meine Aufrichtung. Ich bleibe „haltend" bestehen und falle nicht zusammen um etwas wegzubewegen.

Blasen:
Ich habe einen langen Atem – ich behalte die stabile Aufrichtung bei, entsprechend meinem langen Atem.

Hinweise zu Körper- und Spielhaltungen:

Für alle Spiele gilt:
Der **Rumpf** sollte relativ gestreckt sein (die Zwerchfell- und Brustkorbbewegung darf nicht behindert werden).
Bei der **Kopfhaltung** ist darauf zu achten, daß der Nacken nicht überstreckt ist/wird, oder das Kinn nicht zu sehr herangezogen wird (der Luftweg sollte frei sein).

Im Stand
– auf beiden Fußflächen stehend (gleichmäßige Fußbelastung – guter Bodenkontakt)
– aufrecht, Knie locker gestreckt (evtl. Sandsäckchen auf dem Kopf)
– Stehen auf dem Therapiekreisel (Balancieren erfordert ein ständiges Spiel mit dem Gleichgewicht)

– Stehen am Tisch und die Spiele durchführen, die Bewegungsfreiheit zur
weiteren Fortbewegung (Transport durch den Raum) ist möglich

Gehen auf verschiedene Arten:
– auf Zehenspitzen, Fersen seitlichen Fußrändern
– rückwärts- und seitwärts gehen
– trampeln, stampfen, springen, hüpfen oder schleichen
– und/oder auf wechselnden Untergründen wie: Teppich, Papier, S a n d s ä c k -
chen, Holz, Karton, Seil usw. (die Muskulatur und die Wahrnehmung werden dauernd zu neuen Reaktionen aufgefordert).

Wechsel beim Spielen vom Stehen **zu anderen Körperhaltungen** wie Krabbeln, Kriechen, Laufen, Schleichen, Klettern, Hüpfen und Springen... unter,
über und auf den Tisch und die Stühle
(Bewegungsveränderungen bieten neue Reize für Atmung und Haltung)

Sitzen
– Sitzen auf einem Sitzball und auf verschiedenen Stühlen (Variationen von
Bewegungen setzen neue Bewegungsreize)
– Sitzen am Tisch mit Auflegen der Unterarme oder Ellenbogen auf den
Tisch (Entlastung der Wirbelsäule)
– auf dem Boden: Schneidersitz, Fersensitz oder Hocksitz

– über spielerisches Tun zur Aufrichtung kommen, das heißt über die Variationen von Bewegung und Atmung (damit der komplexe Vorgang von Atmung und Haltung zusammenwirken kann). Sich vom Fußboden zum
Tisch aufrichten, oder vom Vierfüßlerstand zum Stand kommen... .

am Tisch
– hockend/knieend
– auf dem Stuhl sitzen, darauf achten, daß der Bodenkontakt mit den
Füßen (gleichmäßige Belastung) möglich ist!
– auf dem Stuhl hocken, wenn der Bodenkontakt nicht möglich ist, Schuhe
ausziehen!
– stehend am Tisch – auf Kopfhaltung achten, die Kopfhaltung sollte
möglichst in Verlängerung der Wirbelsäule sein! – Körpergröße der Spieler
beachten und mit einbeziehen.

Liegen
– Liegen auf dem Boden in Rückenlage (Entlastung der Wirbelsäule)
– Lesen oder Spielen in Bauchlage (das Zwerchfell bekommt Widerstand
vom Boden – Reiz zur „Arbeit")

– natürliche Äußerungen des Kindes beachten, um rechtzeitig einen
Spielwechsel oder Atempausen einzubauen

2. Die Spiele

2.1 Konzept
Der farbige Randstreifen dieses Buches dient der Orientierung. Die Spiele wurden nach Farben geordnet:

rot   –   Riech-Spiele
grün   –   Saug-Spiele
gelb   –   Puste-Spiele
blau   –   Blas-Spiele
grau   –   Schneuz-Spiele
weiß   –   Stimm-Spiele

Ein Spiel befindet sich auf einer Seite. Die Variationen, Ziele und Problemquellen wurden speziell für dieses beschriebene Spiel benannt.
Die Spiele wurden nach Schwierigkeitsgraden geordnet.
Zuerst werden die Spiele aufgeführt, die eine Beachtung auf die Einatemphase legen. Dann folgen die Spiele, die sich auf die Ausatemphase konzentrieren.
Die Stimm-Spiele runden diesen Teil ab.
Zu Beginn einer Spiel-Kategorie stehen Hinweise über die Materialwahl. Dieses soll eine Anregung darstellen, nicht nur die im Spiel beschriebenen Materialien zu verwenden, sondern das individuelle Können der Spieler zu nutzen und entsprechend darauf zu reagieren. Alle Spiele lassen sich gut miteinander kombinieren und in einer abwechslungsreichen Therapiestunde verwirklichen.

2.2 Durchführung
Alle beschriebenen Spiele wurden so entwickelt, daß eine geringe, manchmal sogar überhaupt keine Vorbereitungszeit benötigt wird. Einige Spiele können mit wenigen Handgriffen hergestellt werden. Daher lassen sie sich öfters verwenden.
Bei der Materialauswahl wurde darauf geachtet, daß „Gebrauchsmaterial" Verwendung findet. Die meisten Materialien sind in einer gut ausgerüsteten Praxis gängig.

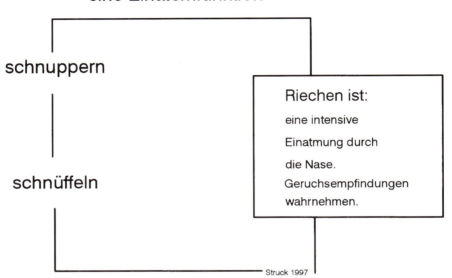

Name der Riech-Spiele

		für Anfänger!
1.	Riechkissen	um die ersten Riech-
2.	An der Nase herumführen	erfahrungen zu machen
3.	Riech- oder Duftperlen	
4.	Duftpflaster	
5.	Nasendetektiv	

....

6.	Was riecht denn da?	für Fortgeschrittene!
7.	feines Näschen	
8.	Riechspiel	
9.	Schnüffelspiel	
10.	Riech-Lotto	
11.	Riech-Raten	
12.	Duftspuren	

Methodische Hinweise zu den Riech-Spielen

Die folgenden Spiele wurden methodisch so aufgebaut, daß diese mögliche Reihenfolge, übernommen werden kann. Die ersten fünf Spiele eignen sich für den Einstieg. Im weiteren Verlauf der Sprach- oder Stimmübungsbehandlung können dann die Riech-Spiele für Fortgeschrittene ausgewählt werden.

Die Verträglichkeit eines Duftes sollte vorher abgeklärt werden. Es gibt Spieler, die empfindlich auf sehr starke, künstliche Düfte reagieren. Besonders bei den ätherischen Ölen besteht die Gefahr einer allergischen Reaktion (Haut- oder Atemwege).

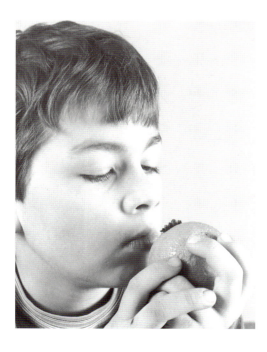

Duftvorschläge für die Riech-Spiele:

- kindgerechte Düfte wie:
* Kakao
* Nelken
* Zimt
* Anis
* Früchtetee
* Honig
* Bienenwachs
* Seife (Honigseife oder andere Düfte)
* Parfüm mit bestimmter „Duftnote"
* Lavendel
* Orangenschalen
* Pfefferminz

* ätherisches Öl – darauf achten, daß die Öle möglichst naturbelassen sind und keine naturidentischen Stoffe beinhalten. Es besteht die Gefahr allergischer Reaktionen, wie Anschwellen der Nasenschleimhäute, Luftnot... bei Kindern, die zu Allergien neigen.

Duftvorschläge für ätherisches Öl:
- Orange
- Zitrone
- Zimt
- Mandarine
- Spearmint (Pfefferminz)
- Lavendel

Riechen ist Einatmung durch die Nase!

* **Riechmaterialien aus der Küche:** Röstzwiebeln, Knoblauchpulver, Kamille, Kaffee, Essig, Suppenwürze, Schokoladenpulver, Zimtstangen, Vanillestangen, eingeritzte Orange/Zitrone/Apfel, Orange mit Nelken besteckt

* **Riechmaterialien aus dem Bad:** Creme, Shampoo, Seife, Badeöle, Zahnpasta, Mundwasser, Sonnenmilch, Deo, Parfüm

Aufbewahrungsmittel für die Riechmaterialien:
– Salzstreuer mit Glasmalfarben anmalen oder bekleben
– Gewürzdosen anmalen oder bekleben
– Gläser mit Schraubverschluß, evtl. bekleben
– Filmdosen (gibt es kostenlos in einem Foto-Geschäft)

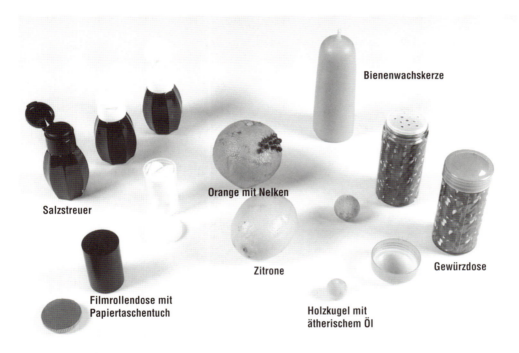

Riechmaterialien

Name des Riech-Spiels	Material/Medien	Vorbereitungen
Riechkissen	stark riechende Düfte siehe in diesem Buch auf Seite 102)	ein stark riechender Duft wird ausgewählt und in ein kleines Stoffkissen gebracht.

Spielregel

Das Riechkissen wird gedrückt und stark geknetet. Dadurch ist eine Entfaltung des Duftes besonders gut möglich. Im Anschluß daran, hält sich ein Spieler dieses Riechkissen vor die Nase. Nachdem der Duft wahrgenommen wurde, wirft er das Kissen zum anderen Spieler. Dieser wiederum riecht daran, nachdem er es „durchgeknetet" hat.

Variationen

1. Das **Riechkissen** kann mit nach Hause genommen werden. Es kann neben das Kopfkissen des Kindes gelegt werden. Die Eltern spielen mit dem Kind das oben angegebene Spiel.
2. Ein Spiel für die **Gruppe**: Das **Riechkissen** wird leicht durchgeknetet und zugeworfen. Dabei können Wörter oder auch bestimmte Laute gesprochen werden.

Ziele bei diesem Spiel

– erste, intensive Riecherfahrungen werden gewonnen
– Schulung des Riechsinns
– die Nase in ihrer Funktion wird bewußt erlebt
– Mundschlußübung
– Konzentration und Ausdauer

Besondere Anmerkungen

Dieses Spiel kann als **häusliche Übung** mitgegeben werden (Elternmitarbeit). Besonders das Riechkissen eignet sich dazu, es neben das Kopfkissen des Kindes zu legen, um einen ständigen, olfaktorischen Reiz zu ermöglichen. Allerdings sollte der Riechreiz wöchentlich verändert werden, damit er wirkt.

Hinweise zur Körperhaltung und Spielhaltung

Dieses Spiel wird im Stehen gespielt. Es bezieht den gesamten Körper mit ein. Im Stand ist eine optimale Atemweise möglich. Es sollte auf einen guten Stand geachtet werden (auf beiden Füßen stehend).

Name des Riech-Spiels	Material/Medien	Vorbereitungen
An der Nase herum-führen	stark riechende Düfte (Vorschläge hierzu, siehe in diesem Buch auf Seite. 102) Augenbinde	ein stark riechender Duft wird ausgewählt und entsprechend „handhabbar" gemacht. (in Flasche oder Dose..)

Spielregel

Ein Spieler bekommt mit einer Augenbinde seine Augen verbunden. Der stark riechende Duft wird vor die Nase dieses Spielers gehalten. Er folgt dem Duft, weil der andere Spieler sich durch den Raum bewegt. In der Art wie; „führen und folgen". Nach kurzer Zeit kann dann ein Rollentausch stattfinden.

Variationen

1. Fällt es den Spielern schwer, mit verbundenen Augen durch den Raum zu gehen, so kann das Kind auch mit geöffneten Augen riechend dem Gegenstand folgen (als Anfängerspiel).
2. Eine erweiterte **Spielregel** kann sein, den Mund geschlossen zu halten (auch bei Bewegung), weil wir dann einfach besser riechen können

Ziele bei diesem Spiel

- Schulung des Riechsinns
- erste, intensive Riecherfahrungen werden gewonnen
- die Nase in ihrer Funktion wird bewußt erlebt
- Mundschlußübung bei Bewegung (das Folgen der Duftspur im Raum)
- Konzentration und Ausdauer

Besondere Anmerkungen

Dieses Spiel kann als „Ritual" zu Beginn der Stunde erfolgen. Jede Woche kann ein anderer Duft ausgewählt werden. Dieses Spiel eignet sich auch für Anfänger, jedoch sollten erste „Geruchserfahrungen" bereits gesammelt worden sein!

Hinweise zur Körperhaltung und Spielhaltung

Dieses Spiel bezieht den gesamten Körper mit ein. Die Spieler bewegen sich im Raum umher. Sie können dabei über Stühle steigen, unter Tische kriechen und wieder in die Aufrechte kommen (Atemanregung durch Bewegung und starke Konzentrationsschulung).

Problemquellen

Der Duftreiz ist so intensiv, daß die „Duftspur" verloren geht. Nicht zu lange spielen (Überreizung der Riechzellen).

*Kind bei dem Spiel: Riech- oder Duftperlen
Eine Holzkugel (oder Wattekugel) wird riechend vor die Nasenöffnungen gehalten.
Zuvor wurde sie mit ätherischem Öl beträufelt.*

Name des Riech-Spiels	Material/Medien	Vorbereitungen
Riech-oder Duftperlen	5 unlasierte Holzperlen oder Wattekugeln ätherisches Öl (Vorschläge hierzu in diesem Buch S. 102)	**Eine** Holzperle wird vor Spielbeginn mit ätherischem Öl beträufelt (lange vor Spielbeginn, da sie sonst noch feucht und von daher identifizier-bar ist).

Spielregel
Alle Holzperlen (oder Wattekugeln) werden untereinander gemischt. Wer kann aus diesen fünf unlasierten Holzperlen, die einzig stark riechende herausrie-chen? Wem gelingt das?

Variationen
1. Nachdem an einer Perle gerochen wurde, wird sie rollend zum nächsten Spieler bewegt und mit einem „mh" begleitet.
2. Im Vierfüßlerstand wird die Perle mit der Nase bewegt.

Ziele bei diesem Spiel
– erste, intensive Riecherfahrungen
– die Nase in ihrer Funktion wird bewußt erlebt
– eine olfaktorische Unterscheidungsfähigkeit wird geschult: dieser Gegenstand riecht – dieser Gegenstand riecht nicht!
– Mundschlußübung
– Konzentration und Ausdauer

Besondere Anmerkungen
Dieses Spiel eignet sich sehr für Anfänger!
Gruppengeeignet

Hinweise zur Körperhaltung und Spielhaltung
Dieses Spiel kann am Tisch gespielt werden. Wird die **Variation** gespielt, so wird es sitzend auf dem Boden, oder aber im Vierfüßlerstand gespielt.

Kind bei dem Spiel: Duftpflaster
Das Duftpflaster wird auf den Handrücken des Kindes geklebt. Ätherisches Öl wird auf das Duftpflaster geträufelt.

Name des Riech-Spiels	Material/Medien	Vorbereitungen
Duftpflaster	**ein** ätherisches Öl (Vorschläge hierzu, siehe in diesem Buch auf Seite 102) für jeden Mitspieler ein Textil- heftpflaster	keine

Spielregel
Das ätherische Öl wird auf das Textilheftpflaster geträufelt. Das Heftpflaster wird auf den Handrücken eines jeden Spielers geklebt. Die **Spielregel** schreibt vor, am Heftpflaster riechend einzuatmen.

Variationen
1. Die folgende Ausatmung kann mit einem „mh" hörbar gemacht werden. Dadurch wird nochmals ein guter Mundschluß gefordert.
2. Weiterhin kann das **Duftpflaster** bei der Ausführung aller Puste- und Blas-Spiele als festgesetzte **Spielregel** mit einbezogen und angewendet werden. Dieses kann einer Hyperventilation vorbeugen.

Ziele bei diesem Spiel
– die oberen Nasenwege werden zu einer besonderen Aktivität erzogen (3. Nasengang – siehe auch in diesem Buch S. 20)
– der Riechsinn wird geschult
– intensive Riecherfahrungen werden gewonnen (Erleben des Weges der Einatemluft)
– Kräftigung und Stärkung der Atemmuskulatur
– Einüben eines dauerhaften Mundschlusses
– Konzentration und Ausdauer

Besondere Anmerkungen
Geeignet für Therapiesituation zu zweit oder in kleiner Gruppe.
Anfängerspiel. Es kann als zusätzliche Übung angeboten werden, wenn das Kind einen Ball prellt und bewußt ab und zu die „duftende" Einatemluft durch die Nase einströmen läßt.

Hinweise zur Körperhaltung und Spielhaltung
Dieses Spiel ist im Stehen zu spielen. Durch eine stehende, aufrechte Körperhaltung, kann das Zwerchfell als Hauptatemmuskel optimaler funktionieren.

Problemquellen
Die Spieler scheinen zu riechen. Sie atmen durch den geöffneten Mund ein. Die **Spielregel** deutlich benennen und auf eine korrekte Durchführung achten.

Name des Riech-Spiels	Material/Medien	Vorbereitungen
Nasendetektiv	stark riechende Düfte (Vorschläge hierzu, siehe in diesem Buch auf Seite 102)	keine

Spielregel

Ein stark riechender Duft wird vor Spielbeginn im Raum versteckt. Je nach Alter und Reife des Kindes kann mit verbalen Hilfestellungen, wie „kalt" oder „warm" die Suche erleichtert werden. Der riechende Gegenstand kann beschrieben werden, um eine erfolgreiche Suche zu ermöglichen.

Variation

Das Kind bewegt sich summend durch den Raum. Der Mund ist geschlossen. Die Einatemluft wird dadurch besser „identifiziert" (Erklärung hierzu, in diesem Buch S. 36).

Ziele bei diesem Spiel

– Schulung des Riechsinns
– intensive Riecherfahrungen werden gewonnen
– die Nase in ihrer Funktion wird bewußt erlebt
– eine olfaktorische Unterscheidungsfähigkeit wird geschult: dieser Gegenstand riecht – dieser Gegenstand riecht nicht!
– Mundschlußübung bei Bewegung (die Suche im Raum)
– Konzentration und Ausdauer

Besondere Anmerkungen

Dieses Spiel eignet sich auch für Anfänger, jedoch sollten erste „Geruchserfahrungen" bereits gesammelt worden sein!

Hinweise zur Körperhaltung und Spielhaltung

Dieses Spiel bezieht den gesamten Raum mit ein. Die Spieler bewegen sich im Raum umher (Atemanregung durch Bewegung).

Problemquellen

Der stark riechende Duft wird nach langer, intensiver Suche nicht entdeckt. Das Kind braucht mehr verbale Hilfestellungen, um den Gegenstand zu finden. Vor Spielbeginn kann dem Kind z.B. das Geruchsobjekt beschrieben werden.

Name des Riech-Spiels	Material/Medien	Vorbereitungen
Was riecht denn da?	**sechs** unterschiedliche Düfte (je zwei Mal vertreten) **keine** ätherischen Öle, sondern Kamille, Seife..) **zwölf** Filmdosen Watte zum Zudecken der 6 Filmdosen	die Geruchsmaterialien werden in die Filmdosen gefüllt. Damit die Spieler keine visuellen Anreize bekommen, werden 6 Geruchsmaterialien zugedeckt.

Spielregel

Aus diesen zwölf Filmdosen (6 sind einsehbar, 6 mit einem Stück Watte verdeckt) sollen entsprechende „Duftpärchen" herausgefunden werden (Zuordnung von visuell und olfaktorisch).

Variation

Die Anzahl des Geruchsmaterials kann gesteigert werden. Es ist ein Frage des Alters und der Konzentration, wieviele unterschiedliche Düfte herausgefunden werden.

Ziele bei diesem Spiel

– die oberen Nasenwege werden zu einer besonderen Aktivität erzogen (3. Nasengang – siehe auch in diesem Buch S. 20)
– Erleben des Weges der Einatemluft
– Schulung differenzierter Geruchswahrnehmung
– Training des Geruchsgedächtnisses
– unterscheiden lernen von verschiedenen Geruchsqualitäten
– visuelle Unterstützung im Herausfinden des Geruches (Vorstellung von dem Duft erhalten – Assoziation wecken)
– Kräftigung und Stärkung der Einatemmuskulatur
– aktiver Mundschluß
– Konzentration, Aufmerksamkeit

Besondere Anmerkungen

Besonders nützlich kann es sein, wenn die Spieler eine Vorstellung von dem Gegenstand und dessen Duft erhalten (Assoziation).

Hinweise zur Körperhaltung und Spielhaltung

Dieses Spiel kann im Sitzen gespielt werden. Auf eine gute Sitzhaltung achten (siehe in diesem Buch S. 32).

Problemquellen

Den Spielern gelingt es nicht, das eine „Duftpärchen" zu identifizieren. Dann müssen die ausgewählten Geruchsmaterialien noch unterschiedlicher sein.

Kind bei dem Spiel: Feines Näschen
Ein umklebter Gewürzstreuer beinhaltet einen Duft. Riechend wird eingeatmet und geraten.

Name des Riech-Spiels	Material/Medien	Vorbereitungen
Feines Näschen	**sechs** unterschiedliche Düfte (ein Duft ist zwei Mal vertreten) **sieben** Filmdosen	die Geruchsmaterialien werden in die Filmdosen gefüllt. Damit die Spieler keine visuellen Anreize bekommen, werden die Geruchsmaterialien ab-gedeckt/zugedeckt.

Spielregel
Aus diesen sieben Filmdosen soll das entsprechende „Duftpärchen" herausge-funden werden.

Variation
Die Anzahl der Filmdosen mit Geruchsmaterial kann gesteigert werden. Es ist abhängig vom Alter und der Konzentration, wieviele unterschiedliche Düfte herausgefunden werden können.

Ziele bei diesem Spiel
- die oberen Nasenwege werden zu einer besonderen Aktivität erzogen (3. Nasengang – siehe auch in diesem Buch S. 20)
- intensive Riecherfahrungen (Erleben des Weges der Einatemluft)
- differenzierte Geruchswahrnehmung
- Training des Geruchsgedächtnisses
- unterscheiden lernen von verschiedenen Geruchsqualitäten
- Kräftigung und Stärkung der Einatemmuskulatur
- aktiver Mundschluß
- Konzentration, Aufmerksamkeit

Besondere Anmerkungen
Dieses Spiel setzt „Geruchserfahrungen" voraus!

Hinweise zur Körperhaltung und Spielhaltung
Dieses Spiel kann im Sitzen gespielt werden. Auf eine gute Sitzhaltung achten (siehe in diesem Buch S. 32).

Problemquellen
Den Spielern gelingt es nicht, das eine „Duftpärchen" zu identifizieren. Die ausgewählten Geruchsmaterialien sollten sehr unterschiedlich sein. Später können die Unterschiede feiner und die Geruchsqualitäten einander immer ähnlicher werden.
Die Spieler haben zum Beispiel keine Vorstellung von Kamillenblüten. Es wäre eine Möglichkeit, das Spiel „Was riecht denn da?" (Seite 111) vor diesem zu spielen.

Name des Riech-Spiels	Material/Medien	Vorbereitungen
Riechspiel	**sechs** unterschiedliche Düfte, je zwei Mal siehe in diesem Buch auf Seite 103) **zwölf** Filmdosen	die Geruchsmaterialien werden in die Filmdosen gefüllt. Damit die Spieler keine visuellen Anreize bekommen, werden die Geruchsmaterialien ab-gedeckt/zugedeckt.

Spielregel

Aus diesen 12 Filmdosen sollen die entsprechenden „Duftpärchen" herausgefunden werden.

Variation

Die Anzahl der Filmdosen mit Geruchsmaterial kann gesteigert werden. Es ist abhängig vom Alter und der Konzentration, wieviele unterschiedliche Düfte herausgefunden werden können.

Ziele bei diesem Spiel

– die oberen Nasenwege werden zu einer besonderen Aktivität erzogen (3. Nasengang – siehe auch in diesem Buch S. 20)
– intensive Riecherfahrungen werden gewonnen (Erleben des Weges der Einatemluft)
– differenzierte Geruchswahrnehmung wird geschult
– Training des Geruchsgedächtnisses
– unterscheiden lernen von verschiedenen Geruchsqualitäten
– Kräftigung und Stärkung der Einatemmuskulatur
– aktiver Mundschluß
– Konzentration, Aufmerksamkeit

Besondere Anmerkungen

Dieses Spiel kann für „Anfänger" (mit wenigen Düften beginnen und von Woche zu Woche die Anzahl der Düfte steigern!) verändert werden.

Hinweise zur Körperhaltung und Spielhaltung

Dieses Spiel kann im Sitzen gespielt werden. Auf eine gute Sitzhaltung achten (siehe in diesem Buch S. 32).

Problemquellen

Die Spieler erkennen die unterschiedlichen Gerüche kaum. Die ausgewählten Geruchsmaterialien sollten sehr unterschiedlich sein. Bei wiederholtem Spielen, können die Unterschiede immer feiner und die Geruchsqualitäten einander immer ähnlicher werden.

Name des Riech-Spiels	Material/Medien	Vorbereitungen
Schnüffelspiel	**Filmdosen** werden mit verschiedenen Kosmetika und mit unterschiedlichen Lebensmitteln gefüllt.	die Geruchsmaterialien werden in die Filmdosen gefüllt und mit Watte zugedeckt.

Spielregel

Die Spieler schnüffeln kurz an den Filmdosen und sagen anschließend, ob es sich um einen Geruch aus dem Bad oder aus der Küche handelt.

Duftvorschläge aus dem **Bad:** Zahncreme, Badeöl, Parfüm, Sonnenmilch, Seife, Mundwasser, Deo... .

Duftvorschläge aus der **Küche:** Röstzwiebeln, Essig, Nelken, Schokoladenpulver, Suppenwürze.. .

Variation

Die Spieler ordnen die Geruchsproben den ursprünglichen Gefäßen zu (Sonnenmilchflasche und Sonnenmilch in einer Filmdose).

Ziele bei diesem Spiel

- die oberen Nasenwege werden zu einer besonderen Aktivität erzogen (3. Nasengang – siehe auch in diesem Buch S. 20)
- intensive Riecherfahrungen (Erleben des Weges der Einatemluft)
- differenzierte Geruchswahrnehmung
- Training des Geruchsgedächtnisses
- unterscheiden lernen von verschiedenen Geruchsqualitäten
- visuelle Unterstützung im Herausfinden des Geruches (Zuordnung von Duft und Gegenstand – Assoziation)
- Kräftigung und Stärkung der Einatemmuskulatur
- aktiver Mundschluß
- Konzentration, Aufmerksamkeit

Besondere Anmerkungen

Besonders sinnvoll und hilfreich kann es sein, wenn die Spieler den Gegenstand sehen und dessen Duft erleben (Assoziation).

Hinweise zur Körperhaltung und Spielhaltung

Dieses Spiel kann im Sitzen gespielt werden. Auf eine gute Sitzhaltung sollte geachtet werden (siehe in diesem Buch S. 32).

Name des Riech-Spiels	Material/Medien	Vorbereitungen
Riech-Lotto	**Filmdosen** werden mit verschiedenen Kosmetika und mit unterschiedlichen Lebensmitteln gefüllt. Bildkarten (aus Pros–pekten oder gemalte)	die Geruchsmaterialien werden in die Filmdosen gefüllt und mit Watte zugedeckt. Es können Lotto-Karten angefertigt werden: **vier** Abbildungen der riechenden Gegen-stände auf einer Karte.

Spielregel

Die Lotto-Karten werden verteilt. Jeder Spieler soll nun vier Filmdosen mit den Düften wiederentdecken, die auf seiner Lotto-Karte zu sehen sind. Die Spieler schnuppern kurz an den Filmdosen und sagen anschließend, um welchen Duft es sich handelt und ordnen es dem jeweiligen Bildmotiv zu.

Duftvorschläge: (siehe auch Materialien für die Riechspiele, Seite 102) Zahn-creme, Badeöl, Parfüm, Sonnenmilch, Seife, Mundwasser, Deo, Röstzwiebeln, Essig, Nelken, Schokoladenpulver, Suppenwürze, Knoblauchpulver, Zimtstan-gen, Kaffee, Tee, Waschpulver, Orangenschale, Bienenwachs, Kamillenblüten.

Variation

Ein Spieler schnuppert an einem Duft und fragt, wer hat... (**Spielregel** wie: Lotto).

Ziele bei diesem Spiel

–   die oberen Nasenwege werden zu einer besonderen Aktivität erzogen
    (3. Nasengang – siehe auch in diesem Buch S. 20)
–   intensive Riecherfahrungen
–   differenzierte Geruchswahrnehmung
–   unterscheiden lernen von verschiedenen Geruchsqualitäten
–   Zuordnung von Duft und Bildkarte – Assoziation
–   Kräftigung und Stärkung der Einatemmuskulatur
–   aktiver Mundschluß
–   Konzentration, Aufmerksamkeit

Besondere Anmerkungen

Dieses Spiel ist schwieriger als die vorherigen. Deshalb sollten die Spieler bereits Erfahrungen mit Riech-Spielen gemacht haben.

Hinweise zur Körperhaltung und Spielhaltung

Dieses Spiel kann im Sitzen gespielt werden. Auf eine gute Sitzhaltung sollte geachtet werden (siehe in diesem Buch S. 32).

Name des Riech-Spiels	Material/Medien	Vorbereitungen
Riech-Raten	siehe Riech-Spiel Schnüffelspiel (in diesem Buch S. 115)	siehe Riech-Spiel Schnüffelspiel (in diesem Buch S. 115)

Spielregel

Die Filmdosen mit den Düften stehen bereit. Ein Spieler riecht an einer Filmdose und beschreibt den Duft. Die anderen Spieler versuchen, ihn durch geschickte Fragen zu erraten.

Variation

Die Spieler fragen in unterschiedlichen Sprachen (Korkensprache – Schiefmaulsprache – Alt-Opa-Sprache...), um welchen Geruch es sich handelt.

Ziele bei diesem Spiel

– die oberen Nasenwege werden zu einer besonderen Aktivität erzogen
  (3. Nasengang – siehe auch in diesem Buch S. 20)
– intensive Riecherfahrungen
– Training des Geruchsgedächtnisses
– unterscheiden lernen von verschiedenen Geruchsqualitäten
– Sprachübungen: Wortfindung und Grammatik
– mundmotorische Übungen (**Variation**)
– Konzentration, Aufmerksamkeit

Besondere Anmerkungen

Dieses Spiel ist schwieriger. Die Spieler sollten bereits Erfahrungen mit Riech-Spielen gemacht haben und die unterschiedlichen Düfte kennen.

Hinweise zur Körperhaltung und Spielhaltung

Dieses Spiel kann im Sitzen gespielt werden. Auf eine gute Sitzhaltung sollte geachtet werden (siehe in diesem Buch S. 32).

Problemquellen

Es treten Schwierigkeiten bei der Beschreibung des Duftes auf. Durch Nachfragen und mit Hilfe eines Erwachsenen kann dieses Problem gelöst werden.

Name des Riech-Spiels	Material/Medien	Vorbereitungen
Duftspuren	ätherisches Öl drei unterschiedliche Sorten (Vorschläge dazu: in diesem Buch S. 102) Kosmetiktücher	ätherisches Öl wird auf die Kosmetik- tücher geträufelt (jeweils ein Öl auf ein Kosmetiktuch). „Duftspuren" werden unterschiedlich damit gelegt.

Spielregel

Bevor die Spieler den Raum betreten, werden unterschiedliche „Duftspuren" gelegt. Das geschieht mit Hilfe von Kosmetiktüchern, die zuvor mit ätherischem Öl beträufelt wurden. Die Spieler bewegen sich nun im Raum umher, dabei versuchen sie der „Duftspur" zu folgen. Am Ziel der „Duftspur" kann eine Kleinigkeit oder das nächste Spiel bereitgestellt werden.

Variation

Die Spieler werden irritiert, indem Kosmetiktücher verteilt werden, die überhaupt nicht riechen! (falsche Fährte)

Ziele bei diesem Spiel

– die oberen Nasenwege werden zu einer besonderen Aktivität erzogen
  (3. Nasengang – siehe auch in diesem Buch S. 20)
– intensive Riecherfahrungen
– differenzierte Geruchswahrnehmung
– unterscheiden lernen verschiedener Geruchsqualitäten
– Kräftigung und Stärkung der Einatemmuskulatur
– Atemanregung durch Bewegung
– aktiver Mundschluß
– Konzentration, Aufmerksamkeit

Besondere Anmerkungen

Dieses Spiel ist schwierig. Die Spieler sollten bereits Erfahrungen mit Riech-Spielen gesammelt haben und unterschiedliche Düfte kennen.

Hinweise zur Körperhaltung und Spielhaltung

Bei diesem Spiel sind die Spieler in Bewegung: sie gehen, kriechen, springen und schleichen.

Problemquellen

Die Spieler finden die „Duftspur" nicht und sind frustriert. Die Anzahl der unterschiedlichen Düfte reduzieren. Nicht zu lange spielen – ansonsten „olfaktorische Reizüberflutung"!

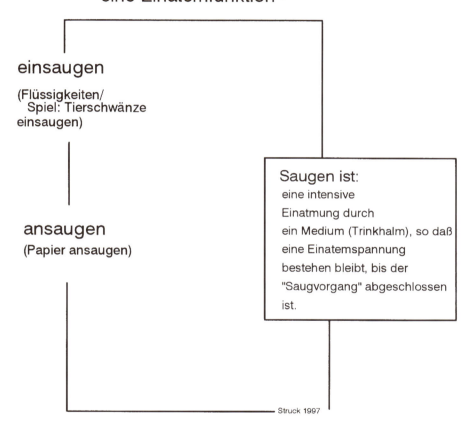

Mögliche Wege, das Saugen zu erlernen

Als Vorbereitung für die Atemfunktion des Saugens, kann das Schlürfen dienen. Ein kleines Spiel, so als würden die Spieler ihren Puppen etwas zu essen geben, kann die Funktion des **Schlürfens** bewußt machen.
Der nächste Schritt:
- einen Schraubverschluß mit Flüssigkeit zu füllen und die Spieler bitten, die Flüssigkeit mit ihrem Trinkhalm (4mm Durchmesser) auszuschlürfen. Das Schlürfen hält an, bis der Schraubverschluß angehoben wird.
- einige Male wiederholen und gleich im Anschluß ein Saug-Spiel anbieten.

Aus unserer Erfahrung ist das Saugen (Ein- und Ansaugen) ab 4 Jahren möglich!

mögliche Wege, die Einatemfunktion S A U G E N zu erlernen:

Trinkhalm mit Knick

Schraubverschluß mit Flüssigkeit

Vorbereitung: Einatmen auf 'f' (schlürfen)

Welche Materialien können für die Saug-Spiele verwendet werden?

– **Pappröhren** (Länge ca. 25 cm, Durchmesser ca. 2,5 cm)
– **Toilettenpapierrollen** (Durchmesser ca. 4 cm)
– **diverse Gummischläuche** (Aquariumbedarf oder Gummifachhandel) (Durchmesser 1 cm und mehr)
– **diverse Trinkhalme** (Gastronomiebedarf- Durchmesser ca. 6 mm)
– **Trinkhalme mit Knick** (Gastronomiebedarf – Durchmesser ca. 4 mm)
– **extra dünne Trinkhalme** (Gastronomiebedarf – Durchmesser ca. 2 mm)
– **Ohrtrichter** (Sanitätshaus – Durchmesser 4 mm), diese werden dann an einen Knickhalm gesteckt (an das kürzere Ende)

Je dicker der Durchmesser des Saug-Mediums, desto leichter ist das Ansaugen.

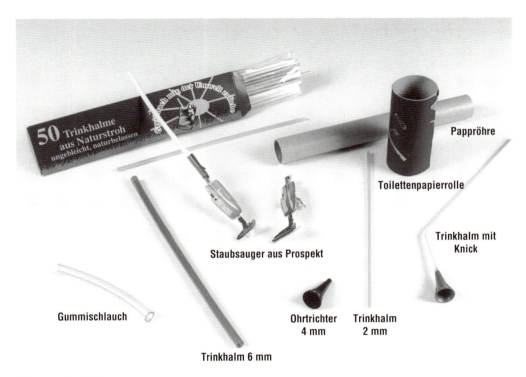

Saugmaterialien

Hinweis:
Vorsicht bei den Saugmaterialien (z.B. Erbsen, zu dünne Fäden...)!
Sie können aspiriert werden.

Name des Einsaug-Spiels	Material/Medien	Vorbereitungen
Fäden einsaugen	unterschiedliche Fäden (Perlon, Wolle, Baumwolle...) Trinkhalm mit Knick	die Materialien liegen auf dem Tisch.

Spielregel

Die unterschiedlichen Fäden (Fadenstärke dick genug wählen und ein Fadenende mit einem Knoten versehen, um das Aspirieren zu verhindern), werden mit dem kürzeren Ende! des Trinkhalmes, der geknickt wurde (nur damit, sonst kann es zur Aspiration kommen!!) eingesaugt. Sie können dann transportiert werden, indem die Spieler die Fäden in ein Gefäß oder in einen Korb legen. Der Saugvorgang hält an, bis der Faden dorthin transportiert wurde, wo es Therapeutin und Kind zuvor vereinbart haben (die Fäden können auch Schlangen darstellen).

Variation

Dicke Perlonschnüre, Länge ca. 10 cm werden eingesaugt (Vorstellung: Schlangen). Sie werden im Anschluß mit einer kräftigen Ausatmung durch den Trinkhalm hinausbefördert. Ziel ist es, in einen Suppenteller auf dem Fußboden zu treffen. Wer schafft es?

Ziele bei diesem Spiel
– Kräftigung und Stärkung der Einatemmuskulatur
– Steigerung der Zwerchfellaktivität (Spannung halten)
– Erlernen der Atemfunktionen 'Einsaugen'
– Aktivierung der gesamten mundmotorischen Muskulatur
– bei der **Variation**: das Prinzip von aufnehmen und abgeben
– Schulung von Konzentration und Aufmerksamkeit
– Verbesserung der Gesamtkörperspannung (besonders bei hypotonen Spielern)

Besondere Anmerkungen

Anfängerspiel! Sie können durch dieses Spiel sehr gut die Einatemfunktion des Einsaugens erlernen. Das **längere Ende** des Knickhalmes **muß** im Mund gehalten werden, ansonsten ist die Gefahr einer Aspiration gegeben. Die Fäden sollen maximal 4 – 10 cm lang und nicht zu dünn sein.

Hinweise zur Körperhaltung und Spielhaltung

Dieses Spiel eignet sich, es im Stehen/Gehen zu spielen. Es herrscht eine optimale Körperspannung- und Haltung. Besonders die **Variation** ermöglicht es, daß sich daraus ein spannendes Spiel entwickelt.

Name des Einsaug-Spiels	Materialien/Medien	Vorbereitungen
Anglerglück	Trinkhalme mit Knick, Pappfische (10 cm) mit einem ca. vier Zentimeter langen Baumwollfaden versehen	Die Pappfische werden mit dem Baumwoll-faden versehen und auf dem Tisch verteilt (darauf achten, daß die Fäden frei liegen), am Ende mit einem Knoten versehen.

Spielregel

Der „Angler" angelt nun mit seinem Trinkhalm einen Fisch, indem er ihn an dem Baumwollfaden ansaugt und in seinen Trinkhalm einsaugt. So werden sie ans Ufer befördert. Fällt ein Fisch ab, so ist der nächste Spieler an der Reihe.

Variationen

1. Die Spieler bewegen sich mit dem Fisch im Knickhalm, von einem zum nächsten Tisch (das sogenannte „Ufer" ist nicht in unmittelbarer Nähe zum „See"). Dieses erhöht die Körperspannung, die Einatemmuskulatur wird noch mehr trainiert (Atemanregung durch Bewegung).
2. Unter die Fische werden vor Spielbeginn, Zahlen oder Buchstaben geschrieben. Die geangelten Fische werden umgedreht und die Zahlen oder Buchstaben werden notiert, bzw. aus den Buchstaben werden Wörter gebildet.

Ziele bei diesem Spiel
– Kräftigung und Stärkung der Einatemmuskulatur
– Steigerung der Zwerchfellaktivität
– Übung zum Mundschluß
– muskuläre Aktivierung der Rachenmuskulatur
– muskuläre Aktivierung des Gaumensegels (Velums)
– Beweglichkeit des Velums
– Aufbau von Muskelspannung in der Zunge
– Erlernen der Einatemfunktion des 'Einsaugens'
– Schulung von Konzentration, Aufmerksamkeit

Besondere Anmerkungen
Anfängerspiel! Die Pappfische sollten nicht zu groß und zu schwer sein!

Hinweise zur Körperhaltung und Spielhaltung
Dieses Spiel wird am Tisch gespielt. Auf eine natürliche Sitzhaltung ist zu achten. Die Spieler dürfen auch aufstehen, um den Fisch an- oder einsaugen zu können.

Problemquellen
Die Spieler können den Baumwollfaden nicht einsaugen – siehe in diesem Buch: Mögliche Wege das Saugen zu erlernen (S. 120)

*Kind bei dem Spiel: Tier-
schwänze einsaugen
Das Kind saugt mit einem
Trinkhalm den Tierschwnaz
ein.*

Das Tier wird transportiert.

124

Name des Einsaug-Spiels	Material/Medien	Vorbereitungen
Tierschwänze einsaugen	Tiere mit einem Faden als Tierschwanz (4 cm), für jeden einen Trinkhalm mit Knick	die Tiere liegen auf dem Tisch.

Spielregel

Die Tiere werden an ihrem Tierschwanz in den Trinkhalm eingesaugt. Der Saugvorgang hält an, bis das eingesaugte Tier zum zuvor vereinbarten Ziel transportiert wurde.

Variationen

1. Jedes Tier hat im Raum einen Platz. Dort wartet der Partner des Tieres. Vom Tisch aus, wird das entsprechende Tier am Tierschwanz eingesaugt und zum jeweiligen Partner 'transportiert'.
2. Solange der Spieler den Tierschwanz einsaugt, ahmen die anderen Mitspieler die Tierstimme des jeweiligen Tieres nach.

Ziele bei diesem Spiel

– Kräftigung und Stärkung der Einatemmuskulatur
– Steigerung der Zwerchfellaktivität (Spannung halten)
– Erlernen der Atemfunktionen 'Einsaugen'
– muskuläre Aktivierung der Rachenmuskulatur
– muskuläre Aktivierung des Gaumensegels (Velums)
– Beweglichkeit des Velums
– Aktivierung der gesamten mundmotorischen Muskulatur
– Nachahmen der Tierstimmen
– Schulung von Konzentration und Aufmerksamkeit
– Verbesserung der Gesamtkörperspannung (besonders bei hypotonen Spielern)

Besondere Anmerkungen

Gruppengeeignet!
Die Kinder erleben, daß sie so 'stark' sind und einen Tierschwanz einsaugen können und das Tier sogar daran hochheben können.

Hinweise zur Körperhaltung und Spielhaltung

Dieses Spiel kann am Tisch gespielt werden. Auf eine natürliche Sitzhaltung ist zu achten. Es läßt sich aber auch sehr gut mit Bewegung spielen. Manche Spieler können mit ihrem 'eingesaugten' Tierschwanz kriechen, krabbeln, laufen... .

Problemquellen

Die Spieler beherrschen die Einatemfunktion des Einsaugens noch nicht. Siehe in diesem Buch S. 120, mögliche Wege, das Saugen zu erlernen.

Name des Ansaug-Spiels	Material/Medien	Vorbereitungen
Erbsen saugen	Trinkhalme mit Knick, viele Erbsen	Die Erbsen liegen in einer Schale, die auf dem Tisch steht.
	Variation: Zahlen-würfel	Jeder Mitspieler hat seinen Trinkhalm.

Spielregel

Auf ein Startzeichen hin, saugen die Spieler beliebig viele Erbsen (die Erbsen müssen dicker als der Trinkhalmdurchmesser sein, um eine Aspiration zu verhindern) mit ihrem Trinkhalm an und legen diese an ihren Platz.

Variationen

1. Ein Spieler saugt nur soviele Erbsen an, wie die Augenzahl des Würfels anzeigt.
2. Die Erbsen werden an ein vorher vereinbartes Ziel transportiert. Welcher Spieler schafft es, ohne die Erbse zu verlieren?
3. Pflanzenspiel: Die Erbsen werden in eine leere Pralinenverpackung gelegt und mit Pralinenpapier zugedeckt (soll Erde symbolisieren).

Ziele bei diesem Spiel

- Kräftigung und Stärkung der Einatemmuskulatur
- Steigerung der Zwerchfellaktivität
- muskuläre Aktivierung der Rachenmuskulatur
- muskuläre Aktivierung des Gaumensegels (Velums)
- Beweglichkeit des Velums
- Aufbau von Muskelspannung in der Zunge
- Erlernen der Einatemfunktion des 'Ansaugens'
- Trainieren von Schnelligkeit (siehe **Spielregel**)
- Schulung von Konzentration und Aufmerksamkeit

Besondere Anmerkungen

Anfängerspiel!

Hinweise zur Körperhaltung und Spielhaltung

Dieses Spiel wird am Tisch gespielt. Auf eine natürliche Sitzhaltung ist zu achten. Die Spieler dürfen auch aufstehen, um die Erbsen anzusaugen.

Problemquellen

Die Spieler können die Erbsen nicht ansaugen:
1. leichtere Medien, wie Blumenseidenpapierstückchen wählen oder
2. ein ganz anderes Spiel anbieten.

Name des Ansaug-Spiels	Material/Medien	Vorbereitungen
Kofferpacken	Trinkhalme mit Knick, Teile einer Anzieh–puppe aus Papier, kleine Schachteln (dienen als 'Koffer')	Die Kleidungsstücke der Anziehpuppe werden auf dem Tisch ver-teilt – jeder Mitspieler hat seinen 'Koffer' und seinen Trinkhalm.

Spielregel

Auf ein Startzeichen hin, saugen die Spieler beliebig viele Anziehsachen mit ihrem Trinkhalm an und legen diese in ihren 'Koffer'. Nachdem alle Teile ange-saugt wurden, nennt jeder Spieler, den Inhalt seines 'Koffers'.

Variationen

1. Ein Spieler saugt nur soviele Kleidungsstücke der Anziehpuppe an, wie die Augenzahl des Würfels anzeigt.
2. Der 'Koffer' der Spieler steht nicht auf dem Tisch, sondern in der Nähe. Die Kleidungsstücke müssen nun transportiert werden.
3. **Spielregel** wie: „ich packe in meinen Koffer...". Die Spieler saugen dann das jeweilige Kleidungsstück an, welches sie als letztes benennen.

Ziele bei diesem Spiel

– Kräftigung und Stärkung der Einatemmuskulatur
– Steigerung der Zwerchfellaktivität
– muskuläre Aktivierung der Rachenmuskulatur
– muskuläre Aktivierung des Gaumensegels (Velums)
– Beweglichkeit des Velums
– Aufbau von Muskelspannung in der Zunge
– Erlernen der Einatemfunktion des 'Ansaugens'
– Trainieren von Schnelligkeit (siehe **Spielregel**)
– Sprachliche Förderung (Satzbau/Grammatik)
– Schulung von Konzentration und Aufmerksamkeit

Besondere Anmerkungen

Anfängerspiel! Es läßt sich sehr gut mit Sprachübungen kombinieren.

Hinweise zur Körperhaltung und Spielhaltung

Dieses Spiel wird am Tisch gespielt. Auf eine natürliche Sitzhaltung ist zu achten. Die Spieler dürfen auch aufstehen, um die Kleidungsstücke der Anzieh-puppe anzusaugen.

Problemquellen

Die Spieler können die Kleidungsstücke nicht ansaugen: **1.** Pappteile verklei-nern, oder **2.** auf ein leichteres Material kopieren (Blumenseidenpapier).

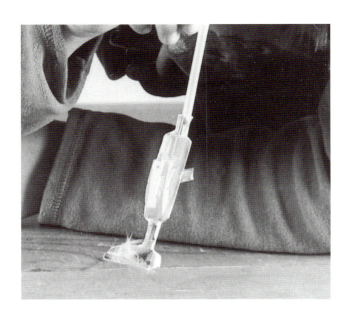

„Staubsaugermodell" aus dem Werbeprospekt

Kind bei dem Spiel: Staubsaugerspiel
Das Kind „saugt" den Schmutz (Papierschnipsel ...) ein.

Name des Ansaug-Spiels	Material/Medien	Vorbereitungen
Staubsaugerspiel	Trinkhalme mit Knick, Ohrtrichter und „Staubsaugermodelle" aus Werbeprospekten, Clipverschluß und Papierschnipsel... (dient als 'Schmutz')	Die „Staubsauger-modelle" werden mit dem Clipverschluß an dem Trinkhalm mit Ohrtrichter befestigt. Die Papierschnipsel werden auf dem Tisch verteilt.

Spielregel

Die Spieler saugen mit ihrem „Staubsauger" den „Schmutz" ein.

Variation

Das Material des „Schmutzes" kann verändert werden. Es können Pappe, Folien, Pralinenpapier... angesaugt werden.

Ziele bei diesem Spiel

– Kräftigung und Stärkung der Einatemmuskulatur
– Steigerung der Zwerchfellaktivität
– muskuläre Aktivierung der Rachenmuskulatur
– muskuläre Aktivierung des Gaumensegels (Velums)
– Beweglichkeit des Velums
– Aufbau von Muskelspannung in der Zunge
– Erlernen der Einatemfunktion des 'Ansaugens'
– Schulung von Konzentration und Aufmerksamkeit

Besondere Anmerkungen

Anfängerspiel! Bei diesem Spiel gibt es keine Gewinner und Verlierer.

Hinweise zur Körperhaltung und Spielhaltung

Dieses Spiel wird am Tisch gespielt. Auf eine natürliche Sitzhaltung ist zu achten. Die Spieler dürfen auch aufstehen, um die „Schmutzpartikel" anzusaugen.

Problemquellen

Die Spieler können die „Schmutzpartikel" nicht ansaugen: **1.** Blumenseidenpapier als „Schmutz" verwenden, oder **2.** zuerst das Ansaugen erlernen.

Kind bei dem Spiel: Ansaugen und Wegstoßen
Auf diesem Foto saugt der Spieler eine Mundform (Materialbogen aus diesem Buch) an.

Name des Ansaug-Spiels	Material/Medien	Vorbereitungen
Ansaugen und Weg–stoßen	diverse Papierstücke, evtl. Mundformen (siehe Variationen und Kopiervorlage 6.1.2)	die Papierstücke liegen auf dem Tisch verteilt.

Spielregel

Die unterschiedlichen Papierstücke werden mit dem Mund angesaugt, einen Moment gehalten und mit einer kräftigen Ausatmung (Ausatem aus dem Mund stoßen) wegbefördert. Wie weit fliegt das Papierstück ? Die Entfernung wird gemessen und notiert.

Variationen

1. Anstelle der Papierstücke können auch Folien, Pappe, Karton... angesaugt und weggestoßen werden (ist schwieriger).
2. Unterschiedliche Mundformen können aufgezeichnet und ausgeschnitten werden. Diese werden dann angesaugt und vor einem Spiegel betrachtet, bevor sie weggestoßen werden.

Ziele bei diesem Spiel

– Kräftigung und Stärkung der Einatemmuskulatur
– Steigerung der Zwerchfellaktivität (Spannung halten)
– Erlernen der Atemfunktionen 'Ansaugen' und 'Wegstoßen'
– muskuläre Aktivierung der Rachenmuskulatur
– muskuläre Aktivierung des Gaumensegels (Velums)
– Beweglichkeit des Velums
– Aktivierung der gesamten mundmotorischen Muskulatur
– Schulung der bewußten Körperwahrnehmung
– Schulung von Konzentration und Aufmerksamkeit
– Verbesserung der Gesamtkörperspannung (besonders bei hypotonen Spielern)

Besondere Anmerkungen

Aus hygienischen Gründen ist es wichtig, daß jeder Spieler seine eigenen Papierstückchen/Mundformen ansaugt. Dieses Spiel eignet sich für Spieler, die schon das Ansaugen beherrschen. Die Koordination von Ansaugen und (kurze Zeit später wieder) Ausstoßen der Luft, erfordert viel Körperbewußtsein.

Hinweise zur Körperhaltung und Spielhaltung

Dieses Spiel kann am Tisch gespielt werden. Auf eine natürliche Sitzhaltung ist zu achten. Die Spieler dürfen auch aufstehen und die Papierstücke angesaugt transportieren.

Problemquellen

Die Spieler wissen nicht, wie das Ansaugen vor sich geht. Siehe in diesem Buch Seite 120, mögliche Wege das Ansaugen zu erlernen.

Kind bei dem Spiel: Memory
Kleine Holzscheiben (2cm Durchmesser) werden mit dem Trinkhalm, an dem ein Ohrtrichter befestigt ist, angesaugt.

Name des Ansaug-Spiels	Material/Medien	Vorbereitungen
Memory	Trinkhalme mit Knick, Ohrtrichter und Holzscheiben (16 Stk.) sowie Stickers (8 mal doppelte)	Jeweils ein Sticker wird auf eine Holzscheibe geklebt. Die Holzscheiben werden umgedreht auf den Tisch gelegt.

Spielregel

Wie Memory: Jedoch werden die Holzscheiben nicht mit der Hand herumgedreht, sondern mit Hilfe des Knickhalmes und Ohrtrichter.

Variation

Die Größe der Holzscheiben kann verändert werden (Durchmesser von 2 bis 5 cm).

Die Anzahl der Holzscheiben kann reduziert/erweitert werden.

Ziele bei diesem Spiel

– Kräftigung und Stärkung der Einatemmuskulatur
– Steigerung der Zwerchfellaktivität
– muskuläre Aktivierung der Rachenmuskulatur
– muskuläre Aktivierung des Gaumensegels (Velums)
– Beweglichkeit des Velums
– Aufbau von Muskelspannung in der Zunge
– Erlernen der Einatemfunktion des 'Ansaugens'
– Gedächtnistraining
– Schulung von Konzentration und Aufmerksamkeit

Besondere Anmerkungen

Die Spieler sollten die Einatemfunktion des Ansaugens beherrschen und geschickt sein, den Trinkhalm mittig auf die Holzscheibe zu setzen.

Hinweise zur Körperhaltung und Spielhaltung

Dieses Spiel wird am Tisch gespielt. Auf eine natürliche Sitzhaltung ist zu achten. Die Spieler können auch stehend oder/knieend die Holzscheiben ansaugen.

Problemquellen

Die Spieler können die Holzscheibe nicht ansaugen: statt der Holzscheiben können auch runde Papierfiltertüten gewählt und vor Spielbeginn mit einem Stikker versehen werden.

Name des Ansaug-Spiels	Material/Medien	Vorbereitungen
Saug-Memory	Trinkhalme mit **sechs** Millimeter Durchmesser, je nach Können der Spieler: 8 Tiere als Paare und 16 Filtertüten.	Unter die Filtertüten wird jeweils ein Tier gestellt und 'versteckt'.

Spielregel

Ein Spieler saugt jeweils nacheinander zwei Filtertüten mit seinem Trinkhalm an. Weitere **Spielregel**, wie ein herkömmliches Memory.

Variationen

1. Gelingt es den Spielern nicht, die Filterpapiertüten anzusaugen, so sollte entweder ein Saug-Medium mit dickerem Durchmesser, oder kleinere Filtertüten verwendet werden.
2. Memory für lesende Spieler: unter eine Filtertüte wird das Tier gestellt unter die andere wird ein Namenskärtchen des Tieres gelegt.

Ziele bei diesem Spiel

– Kräftigung und Stärkung der Einatemmuskulatur
– Steigerung der Zwerchfellaktivität
– Übung zum Mundschluß
– muskuläre Aktivierung der Rachenmuskulatur
– muskuläre Aktivierung des Gaumensegels (Velums)
– Beweglichkeit des Velums
– Aufbau von Muskelspannung in der Zunge
– Erlernen der Einatemfunktion des 'Ansaugens'
– Gedächtnistraining
– Schulung von Konzentration und Aufmerksamkeit

Besondere Anmerkungen

Anfängerspiel! Allerdings nur, wenn sie die Einatemfunktion des Ansaugens beherrschen und ein wenig geschickt sind, den Trinkhalm mittig auf die Filtertüte zu setzen.

Hinweise zur Körperhaltung und Spielhaltung

Dieses Spiel wird am Tisch gespielt. Auf eine natürliche Sitzhaltung ist zu achten. Die Spieler können auch stehend oder/kniend die Filtertüte ansaugen.

Problemquellen

Die Spieler können die Filtertüte nicht ansaugen: statt der Filtertüten können auch die Innenteile einer Streichholzschachtel gewählt werden (haben eine größere Auflagefläche für den Trinkhalm).

Name des Ansaug-Spiels	Material/Medien	Vorbereitungen
Buchstaben ansaugen	Buchstaben (Klein- und Großbuchstaben) auf Karten, für jeden ein Saug-Medium (Vorschläge dazu in diesem Buch S. 121)	die Buchstaben liegen verdeckt auf dem Tisch.

Spielregel

Die Karten werden mit dem jeweils vorher ausgewählten „Saug-Medium" ange-saugt. **Spielregel** wie: Memory – jeweils ein Groß- und ein Kleinbuchstabe gehören zusammen.

Je nach Können und Ausdauer der Spieler, wird vor Spielbeginn die Anzahl der Karten ausgewählt.

Variationen

1. Anstelle der Kärtchen können auch Buchstaben von unterschiedlichen Buch-stabenspielen ausgewählt werden (aus Holz, Kunststoff...).
2. Dieses Spiel kann selbst hergestellt werden, indem Groß- und Kleinbuch-staben auf vorgefertigte Papierformen geklebt werden. Die Buchstaben kön-nen mit Hilfe eines Computerprogramms hergestellt werden.

Ziele bei diesem Spiel

– Kräftigung und Stärkung der Einatemmuskulatur
– Steigerung der Zwerchfellaktivität (Spannung halten)
– muskuläre Aktivierung der Rachenmuskulatur
– muskuläre Aktivierung des Gaumensegels (Velums)
– Beweglichkeit des Velums
– Aktivierung der gesamten mundmotorischen Muskulatur
– Erlernen von Buchstaben in Groß- und Kleinschreibung
– Gedächtnistraining
– Schulung von Konzentration und Aufmerksamkeit
– Verbesserung der Gesamtkörperspannung (besonders bei hypotonen Spielern)

Besondere Anmerkungen

Die Kinder sollten die Klein- und Großbuchstaben bereits kennen.

Hinweise zur Körperhaltung und Spielhaltung

Dieses Spiel wird am Tisch gespielt. Auf eine natürliche Sitzhaltung ist zu achten.

Problemquellen

Das Spiel dauert zu lange, die Konzentration läßt nach. Es müssen nicht sofort alle Buchstaben des Alphabetes benutzt werden.

Kind bei dem Spiel: Nasensauger
Ein Schmetterling aus Blumenseidenpapier wird mit der Nase angesaugt.

Name des Ansaug-Spiels	Material/Medien	Vorbereitungen
Nasensauger	Seidenpapier, Karton, Tierkarten, Schere	Tierformen aus Seidenpapier ausschneiden

Spielregel

Die ausgeschnittenen Tiere liegen auf dem Tisch. Ein Spieler beginnt, nimmt sich ein Tier auf seine Handinnenfläche und saugt dieses mit der Nase an. Hat er ein Tier angesaugt, so steht er auf und bringt das Tier an einen vorher vereinbarten Platz.

Variationen

1. Als Wettspiel durchzuführen: An einem vorher vereinbarten Ziel, werden die Tiere gesammelt. Wer ist schnell?
2. Die Tiere haben auf ihrer Rückseite Punkte. Erst wenn sie angesaugt wurden, ist die Punktzahl zu erkennen. Sie wird notiert.

Ziele bei diesem Spiel

– Kräftigung und Stärkung der Einatemmuskulatur
– Erleben, daß die Nase auch zum 'Ansaugen' genutzt werden kann
– Steigerung der Zwerchfellaktivität (Spannung halten)
– muskuläre Aktivierung der Rachenmuskulatur
– muskuläre Aktivierung des Gaumensegels (Velums)
– Beweglichkeit des Velums
– Aktivierung der gesamten mundmotorischen Muskulatur
– Schulung von Konzentration und Aufmerksamkeit
– Verbesserung der Gesamtkörperspannung

Besondere Anmerkungen

Bevor dieses Spiel als Wettspiel gespielt wird, so sollte es vorher in Ruhe ausprobiert werden. Es ist sehr fremd, mit der Nase etwas anzusaugen.

Hinweise zur Körperhaltung und Spielhaltung

Dieses Spiel wird am Tisch gespielt. Auf eine natürliche Sitzhaltung ist zu achten.

Problemquellen

Dieses Spiel kann bei Schnupfen nicht gespielt werden.

Name des Ansaug-Spiels	Material/Medien	Vorbereitungen
Filterpapier-Memory	für jeden: 1 Pappröhre, 16 runde Filterpapiere (für Kaffeemaschinen), 8 Bildkarten als Paare.	Unter die Filterpapiere wird jeweils eine Bildkarte gelegt.

Spielregel

Ein Spieler saugt jeweils nacheinander zwei Filterpapiere mit seinem Papprohr an. Weitere **Spielregel**, wie ein herkömmliches Memory.

Variationen

1. Gelingt es den Spielern nicht, die Filterpapiere anzusaugen, so sollten anstelle der Filterpapiere, Seidenpapierstückchen gewählt werden.
2. Ist das Filterpapier zu leicht, so eignen sich Holzscheiben mit einem großen Durchmesser als 'Versteck' (aus dem Baumarkt).
3. für lesende Spieler: unter ein Filterpapier wird die Bildkarte gelegt, unter die andere wird ein Namenskärtchen des Tieres gelegt.

Ziele bei diesem Spiel

– Kräftigung und Stärkung der Einatemmuskulatur
– Steigerung der Zwerchfellaktivität (Spannung halten)
– Erlernen des 'Ansaugens' (von leicht = Seidenpapier bis schwer = Karton/Holzscheibe)
– muskuläre Aktivierung der Rachenmuskulatur
– muskuläre Aktivierung des Gaumensegels (Velums)
– Beweglichkeit des Velums
– Training der Zungenmuskulatur
– Gedächtnistraining
– Schulung von Konzentration und Aufmerksamkeit
– Verbesserung der Gesamtkörperspannung

Besondere Anmerkungen

Anfängerspiel! Die dicke Pappröhre erleichtert das Ansaugen.

Hinweise zur Körperhaltung und Spielhaltung

Dieses Spiel kann am Tisch gespielt werden. Auf eine natürliche Sitzhaltung ist zu achten. Die Spieler können auch kniend die Filtertüte ansaugen.

Problemquellen

Die Spieler wissen nicht, wie das Ansaugen vor sich geht. Siehe in diesem Buch Seite 120, mögliche Wege, das Ansaugen zu erlernen.

Name des Saug-Spiels	Material/Medien	Vorbereitungen
Ratespiel	für jeden: Trinkhalm mit Ohrtrichter.	Ohrtrichter auf kürzeren Teil des Trinkhalmes stecken,
	Viele Bildkarten.	die Bildkarten umgedreht auf den Tisch legen.

Spielregel

Ein Spieler saugt mit Hilfe seines Trinkhalmes eine Bildkarte an. Die anderen Spieler umschreiben das gezeigte Bild. Sie verraten nicht, was es ist. Der Spieler kann den Saugvorgang unterbrechen, wenn ihm der passende Begriff einfällt.

Variation

Für eine **Gruppe**: Ein Spieler saugt, der andere gibt verbale Hilfen, die anderen Spieler sehen die Bildkarte nicht und sollen den Begriff erraten.

Ziele bei diesem Spiel

– Kräftigung und Stärkung der Einatemmuskulatur
– Steigerung der Zwerchfellaktivität (Spannung halten)
– muskuläre Aktivierung der Rachenmuskulatur
– muskuläre Aktivierung des Gaumensegels (Velums)
– Aktivierung der gesamten mundmotorischen Muskulatur
– Schulung von Konzentration und Aufmerksamkeit
– Verbesserung der Gesamtkörperspannung

Besondere Anmerkungen

Dieses Spiel bedarf einer intensiven Atemkraft, um die muskuläre Spannung möglichst lange zu halten.

Hinweise zur Körperhaltung und Spielhaltung

Dieses Spiel wird am Tisch gespielt. Auf eine natürliche Sitzhaltung ist zu achten.

Problemquellen

Das Spiel kann bei Schnupfen nicht gespielt werden.

*Kind bei dem Spiel: Was versteckt sich da?
Die ausgeschnittenen Zahlen (siehe Materialbogen) wurden auf einen Bilderrahmen
gelegt, darunter liegt eine Postkarte.*

Name des Ansaug-Spiels	Material/Medien	Vorbereitungen
Was versteckt sich da?	Trinkhalm mit Ohr-trichter für jeden, Postkarten Kopiervorlage (6.1.1)

1 Zahlenwürfel | Ohrtrichter auf kürzeren Teil des Trinkhalmes stecken, Kopiervorlage nach Anweisung aufbereiten, die Postkarten unter die Vorlage legen. |

Spielregel

Es wird gewürfelt. Die entsprechende Zahl wird mit Hilfe des Trinkhalmes und dem daran befestigten Ohrtrichter, angesaugt. Die Spieler versuchen, das darunterliegende Motiv zu erraten. Gelingt dieses sofort, so kann, nachdem die Postkarte wieder zugedeckt wurde, die Karte entnommen werden. Ist das Motiv noch nicht erkennbar, so würfelt der nächste Spieler und saugt die entsprechende Zahl an. Das Raten hält an... .

Variation

Es können unterschiedliche Kopiervorlagen gewählt werden, je nach Können der Spieler.

Ziele bei diesem Spiel

- Steigerung der Zwerchfellaktivität (Spannung halten)
- muskuläre Aktivierung der Rachenmuskulatur/Gaumensegels (Velums)
- Aktivierung der gesamten mundmotorischen Muskulatur
- Schulung visueller Sinneseindrücke – Schulung von Konzentration
- Verbesserung der Gesamtkörperspannung

Besondere Anmerkungen

Dieses Spiel läßt sich sehr auf die Bedürfnisse der jeweiligen Spieler abstimmen. Je nach Können, Alter und Anforderung läßt sich dieses Spiel mit neuen Motiven oder anderen Ausschnitten immer wieder durchführen.

Hinweise zur Körperhaltung und Spielhaltung

Dieses Spiel wird am Tisch gespielt. Auf eine natürliche Sitzhaltung ist zu achten.

Problemquellen

Die Spieler erkennen die darunterliegenden Postkarten nicht. Vereinfachen, indem die Postkarten vor Spielbeginn angeschaut werden.

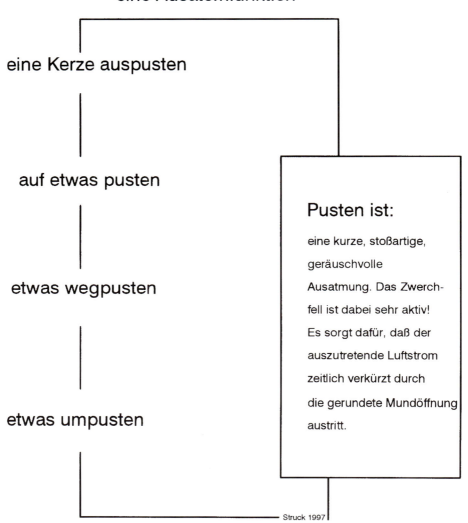

Pusten

Die Ausatmung des Pustens sollte durch die gerundeten Lippen erfolgen. Der austretende Luftstrom entweicht mittig. Die muskuläre Aktivität der Wangenmuskulatur (Mm. buccinator) wird stark beansprucht. Der **Kinnmuskel** (M. mentalis) ist aktiv. **Bei Spielern, die zu einer Hyperaktivität dieses Muskels neigen, sind die Puste-Spiele trotz allem angebracht.** Durch diese Aktivierung kann sich der M. mentalis nach intensiver Benutzung besser lösen und entspannen. Eine Beobachtung des M. mentalis während des Spiels ist wichtig, um entsprechende Angebote (Massage/Lockerung des Kinnmuskels) in den „Pausenphasen" anzubieten.

Einige Spiele nehmen den Trinkhalm zu Hilfe, um das gezielte Pusten anzubahnen.

Auch ein unerwünschter Speichelregen kann durch Hinzunahme eines Trinkhalmes mit großem Durchmesser (6 mm) Abhilfe schaffen.

Die folgenden Puste-Spiele wurden so konzipiert, daß sie das Ziel verfolgen, ohne Trinkhalm zu pusten. Sie wurden von leicht bis anspruchsvoll geordnet und können auch in dieser Reihenfolge angeboten und gespielt werden.

Pustende Kinder von vorne und seitlich – gut sichtbar ist die Aktivität von Wangen-, Lippen- und Kinnmuskel.

Welche Materialien können für die Puste- Spiele verwendet werden?

- **Pusteblumen, Kirschkerne, Pflaumenkerne** (von der Jahreszeit abhängig)
- **Murmeln**
- **Trinkhalme** (unterschiedliche Durchmesser von 2 – 6 mm)
- **Schaschlikspieße**
- mit Sand oder Erbsen gefüllte **Filmrollendosen**
- **Ping-Pong-Bälle** – ehemalige **Deokugeln**
- **Plastikautos** (Modellautos)
- **Seidentücher**
- **Papiertaschentücher** (einlagig – zuvor auseinanderfalten)
- **Kosmetiktücher** (sind leichter, da dünner)
- **Filtertüten**
- **Perlonschnur** oder **Kordel**
- **Federn**
- **Seidenpapier**
- **Schraubverschlüsse**
- **Watte** – **Wattepads**
- **Wattestäbchen**
- **Zauberwolle**
- **Zahnstocher**
- **Kerze**
- brennende **Zauberkerze** (entflammt immer wieder – erhältlich in Zauberartikelgeschäften)
- **Bleistift**
- **halbierte Walnußschale**

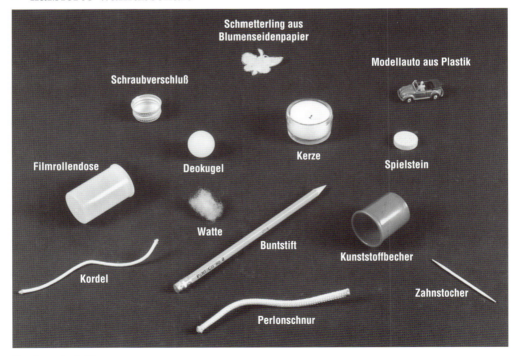

Pustematerialien

Name des Puste-Spiels	Material/Medien	Vorbereitungen
Kirschkernspucken – Pflaumenkernspucken	Kirschen oder Pflaumen (nur zu bestimmten Jahreszeiten möglich)	Steinobst besorgen -

Spielregel

Die Kirschen oder Pflaumen werden mit geschlossenem Mund gekaut. Der übrig gebliebene Kern wird genüßlich gelutscht (mit stimmlicher Untermalung „mh"), bevor er mit viel Ausatemkraft hinausgespuckt wird. Dieses Spiel sollte draußen gespielt werden. Es sollte den Eltern als Übungsmöglichkeit dargestellt werden.

Variation

Ein tiefer Teller wird bereitgestellt. Wer kann hineinzielen?

Ziele bei diesem Spiel

– Zwerchfellaktivierung
– Erlernen einer impulshaften Ausatmung
– Kennenlernen der eigenen Atemkraft
– Verbesserung der mundmotorischen Geschicklichkeit
– Tonisierung der Gesamtkörperspannung

Besondere Anmerkungen

Dieses Spiel kann nur draußen (Terrasse, Balkon, Garten..) gespielt werden und eignet sich nicht unbedingt für die Therapiesituation. Die **Variation** kann zu einem Geduldsspiel werden, denn die Kerne springen sehr oft wieder aus dem Teller.

Hinweise zur Körperhaltung und Spielhaltung

Dieses Spiel wird im Stehen gespielt.

Problemquellen

Die Spieler mögen kein Steinobst (Allergie oder Abneigung). Vor Spielbeginn abklären.

Name des Puste-Spiels	Material/Medien	Vorbereitungen
Streichholzschachtel-Pusten	für jeden Spieler eine leere Streichholz-schachtel. – tiefer Teller als Ziel	keine

Spielregel

Die Streicholzschachtel wird an den Mund gehalten. Mit einer intensiven Ausatmung fliegt das Innenteil heraus und landet vielleicht in einem bereit gestellten tiefen Teller (Ziel). **Achtung!** die Streichholzschachtel mit lockeren Fingern halten – ansonsten kann es passieren, daß das Innenteil nicht herausfliegt!

Variation

Die Streichholzschachtel wird vor Spielbeginn mit irgend etwas gefüllt (Erbsen, Konfetti, Streichhölzer mit abgebrochenem Zündkopf...). Spielweise wie oben beschrieben.

Ziele bei diesem Spiel

– Zwerchfellaktivierung
– Kräftigung der Ausatemmuskulatur
– Erfahren eines intensiven, starken Ausatmens
– Erleben und Spüren, daß die Atemkraft etwas in Bewegung setzt
– Aktivierung des Lippenringmuskels (M. orbicularis oris)
– Sensibilisierung der Lippen (Umfassen der Streichholzschachtel)
– Verbesserung mundmotorischer Fähigkeiten
– Konzentration, Aufmerksamkeit und Ausdauer
– Tonisierung der Gesamtkörperspannung

Besondere Anmerkungen

Anfängerspiel! Es kann beliebig lange gespielt werden.

Hinweise zur Körperhaltung und Spielhaltung

Dieses Spiel wird im Stehen gespielt. Auf eine gute Körperhaltung ist zu achten (Bodenkontakt, Stand, Kopfhaltung).

Problemquellen

Der Ausatem ist nicht kräftig genug. Spiel abbrechen, um weitere Frustrationen zu vermeiden.

Name des Puste-Spiels	Material/Medien	Vorbereitungen
Pusten	dünne Trinkhalme mit einer Papier- ummantelung	keine

Spielregel

Die Papierummantelung wird an einer Seite geöffnet. Ein wenig vom Trinkhalm wird aus der Verpackung gezogen. Die gerundeten Lippen umfassen den Trinkhalm. Alle Spieler stehen. Auf ein vereinbartes Zeichen hin, pusten alle kräftig in ihren Trinkhalm, dessen Papierhülle nun wegfliegt. Um Streit zu vermeiden, welche Papierhülle nun von wem ist, wäre es möglich, die Papierhüllen vor dem Start farbig zu markieren. Allerdings läßt sich dieses Spiel nicht beliebig oft spielen, denn die Papierummantelung wird nach kurzer Zeit unbrauchbar.

Variationen

1. Dieses Spiel eignet sich als Wettspiel mit mehreren Kindern.
2. Vor dem Start wird ein Ziel vereinbart. Wer kommt diesem am nächsten?
3. Nachdem die Papierhülle unbrauchbar wurde, kann ein dünner Schaschlikspieß oder ein Zahnstocher in den Trinkhalm gesteckt werden. Weitere Spielregel, wie oben beschrieben (schwieriger!).

Ziele bei diesem Spiel

– Zwerchfellaktivierung
– Stärkung der Ausatemmuskulatur
– Verbesserung mundmotorischer Geschicklichkeit
– Aktivierung des Lippenringmuskels (M. orbicularis oris)
– Sensibilisierung der Lippen (Umfassen des dünnen Trinkhalmes)
– Konzentration, Aufmerksamkeit und Ausdauer
– Tonisierung der Gesamtkörperspannung

Besondere Anmerkungen

Dieses Spiel läßt sich nur kurz spielen und eignet sich eher als Anfangsspiel oder kann als Aufgabe mit nach Hause gegeben werden.

Hinweise zur Körperhaltung und Spielhaltung

Dieses Spiel wird im Stehen gespielt. Auf eine gute Körperhaltung ist zu achten (auf beiden Füßen stehend).

Problemquellen

Die Papierummantelung hat ein Loch, sie fliegt nicht weg! Entweder einen neuen Trinkhalm nehmen, oder die **Spielregel** abwandeln (Zahnstocher oder Schaschlikspieß hineinstecken).

4

Name des Puste-Spiels	Material/Medien	Vorbereitungen
Gespensterchen	Für jeden Spieler: Trinkhalm mit Knick – ein 5 x 5 cm großes Stück Alu-Folie (Gespensterchen), evtl. wasserfeste Stifte	keine

Spielregel

Spielen mehrere Spieler mit, so ist es ratsam vor Spielbeginn individuelle 'Gespensterchen' herzustellen. Die Alu-Folie wird wie eine Kappe um den Trinkhalm gedrückt. Mit dem wasserfesten Stift können Augen/Ohren/Mund und Schlüsselbund aufgemalt werden. Auf 'Los' pusten alle Spieler kräftig in ihren Trinkhalm, so daß die 'Gespensterchen' wegfliegen. Welches 'Gespensterchen' legt die weiteste Strecke zurück?

Variationen

1. Die 'Gespensterchen' werden noch schwerer durch den Hinzunahme von noch mehr Alu-Folie oder Stoffstückchen gemacht. Spielweise wie oben beschrieben.
2. Es wird über das Leben eines kleinen Gespenstes berichtet. Die Spieler setzen die Geschichte in Bewegung um, indem sie das 'Gespenst' hoch hinausfliegen lassen (Knick des Trinkhalmes zeigt zur Zimmerdecke). Oder die 'Gespensterchen' fliegen durch einen dunklen Tunnel ('Gespenst' durch eine Papprolle pusten).

Ziele bei diesem Spiel

– Zwerchfellaktivierung
– Kräftigung der Ausatemmuskulatur
– Förderung einer gezielten, kurzen Ausatmung
– Förderung feinmotorischer Fähigkeiten ('Gespensterchen' basteln)
– Sprachanregung (bezieht sich auf die Geschichte)
– Förderung der Phantasie (bei der Realisierung der Geschichte)
– Tonisierung der Gesamtkörperspannung

Besondere Anmerkungen

Die Atemkraft muß noch nicht so groß sein. Die 'Gespensterchen' sind leicht und fliegen selbst bei einer geringen Ausatmung weg.

Hinweise zur Körperhaltung und Spielhaltung

Dieses Spiel wird im Stehen gespielt. Auf eine gute Körper- und auch Kopfhaltung (wenn die 'Gespensterchen' an die Decke fliegen) ist zu achten.

Problemquellen

Das 'Gespensterchen' bewegt sich nicht weg. Die Alu-Folie wurde zu kräftig angedrückt. Abändern.

Name des Puste-Spiels	Material/Medien	Vorbereitungen
Trinkhalmpusten	für jeden Spieler einen Trinkhalm mit dem Durchmesser von 2 mm und 4 mm.	keine

Spielregel

Die dünnen Trinkhalme sollten sich farblich unterscheiden, um im weiteren Spielverlauf auseinander gehalten werden zu können. Der dünnere Trinkhalm wird in den größeren gesteckt. Auf 'Los' wird kräftig gepustet. Welcher herausfliegende Trinkhalm legt die weiteste Strecke zurück?

Variation

Dieses Spiel kann in Rückenlage gespielt werden. Es stellt stärkere, körperliche Anforderungen an den Spieler. Wer erreicht die Decke?

Ziele bei diesem Spiel

– Zwerchfellaktivierung
– Kräftigung der Ausatemmuskulatur
– Erfahren einer kurzen, intensiven Ausatmung
– Aktivierung des Lippenringmuskels (M. orbicularis oris)
– Aktivierung des Trompetermuskels (M. buccinator)
– Verbesserung mundmotorischer Fähigkeiten
– Konzentration, Aufmerksamkeit und Ausdauer
– Wiederherstellung einer eutonen Gesamtkörperspannung

Besondere Anmerkungen

Gruppengeeignet! Die **Variation** ist schon schwieriger und für geübte Spieler anspruchsvoll.

Hinweise zur Körperhaltung und Spielhaltung

Dieses Spiel wird im Stehen gespielt. Auf eine gute Körperhaltung ist zu achten.

Problemquellen

Nach kurzer Spielzeit stellt sich die Situation ein, daß der dünnere Trinkhalm am Rand des dickeren Trinkhalmes festklebt (Kondensat des Atems). Kräftiges Pusten ist uneffektiv. Das Spiel muß beendet werden, vielleicht kann es am Ende der Stunde noch einmal aufgegriffen werden.

6

Name des Puste-Spiels	Material/Medien	Vorbereitungen
Ziel-Pusten	Für jeden Spieler: – Trinkhalm mit Knick – Schaschlikspieß – Lochtafel (6.1.6) Bauklötze	Lochtafel auf Karton kleben, und nach Anleitung herstellen, durch Bauklötze zum Stand bringen.

Spielregel

Die Lochtafel wird auf den Tisch gestellt. Welchem Spieler gelingt es, seinen Schaschlikspieß pustend durch ein Loch zu zielen?

Variationen

1. Die jeweiligen Löcher werden mit Zahlen versehen (kleine Löcher haben große Zahlen (schwieriger zu zielen) und große Löcher haben kleine Zahlen (wird jeweils notiert).
2. für Schulkinder: Die Löcher werden mit Buchstaben versehen, die Spieler bilden Wörter aus den entsprechenden Buchstaben.
3. siehe Spiel in diesem Buch Seite 174

Ziele bei diesem Spiel

– Zwerchfellaktivierung
– Kräftigung der Ausatemmuskulatur
– Förderung des gezielten Pustens (durch ein Loch hindurch zielen)
– Sprachanregung (bezieht sich auf das Spiel für Schulkinder)
– Tonisierung der Gesamtkörperspannung

Besondere Anmerkungen

Anfängerspiel! Die Atemkraft muß noch nicht so groß sein. Die Schaschlikspieße fliegen leicht aus dem Trinkhalm.

Hinweise zur Körperhaltung und Spielhaltung

Dieses Spiel wird im Stehen gespielt. Auf eine gute Körperhaltung ist zu achten.

Problemquellen

Der Schaschlikspieß bleibt irgendwann im Trinkhalm hängen, aus Gründen der Feuchtigkeit. Atempause einlegen.

7

Name des Puste-Spiels	Material/Medien	Vorbereitungen
Schlangen-Pusten	Perlonschnüre 10 cm (verschieden farbige, erhältlich in Baumärkten) – tiefer Teller als Ziel Trinkhalme mit 6 mm Durchmesser	keine

Spielregel

Die Perlonschnüre (Schlangen) werden in den Trinkhalm gesteckt. Durch kräftiges Pusten im Stehen, fliegen die sogenannten 'Schlangen' hinaus. Ein tiefer Teller, auf dem Boden platziert, kann als Ziel dienen. Die unterschiedlichen Farben der Perlonschnüre lassen den Sieger besser feststellen.

Variation

Erleichterung: Die Perlonschnüre werden um ein gutes Stück verkürzt. Spielweise wie oben angegeben.

Ziele bei diesem Spiel

– Zwerchfellaktivierung
– Bewußtmachung des Zwerchfells
– Kräftigung der Ausatemmuskulatur
– Erfahren eines intensiven, starken Ausatmens
– Erleben und Spüren, daß die Atemkraft etwas in Bewegung setzt
– Aktivierung des Lippenringmuskels (M. orbicularis oris)
– Sensibilisierung der Lippen (Umfassen des Trinkhalmes)
– Verbesserung mundmotorischer Fähigkeiten
– Förderung feinmotorischer Fähigkeiten (Perlonschnüre in den Trinkhalm stecken)
– Konzentration, Aufmerksamkeit und Ausdauer
– Tonisierung der Gesamtkörperspannung

Besondere Anmerkungen

Anfängerspiel! Es kann beliebig lange gespielt werden.

Hinweise zur Körperhaltung und Spielhaltung

Dieses Spiel wird im Stehen gespielt. Auf eine gute Körperhaltung ist zu achten (Bodenkontakt, Stand, Kopfhaltung).

Problemquellen

Die Perlonschnur ist zu dick. Ein Gummischlauch kann anstelle eines Trinkhalmes verwendet werden.

Name des Puste-Spiels	Material/Medien	Vorbereitungen
Auf zur Schatzinsel	Für jeden Spieler: – Trinkhalm 6 mm – Schraubverschluß Klebepunkte, Würfel, evtl. Holzperlen, Spielfiguren (**Variation**) Kopiervorlage (6.1.3)	Klebepunkte werden auf die Tischfläche geklebt. Dieses Buch wird aufgeschlagen und auf den Tisch gelegt (Ziel).

Spielregel

Die Schraubverschlüsse (Schiffchen) werden an den Start gestellt (besonders markierter Klebepunkt). Ein Spieler würfelt. Das „Schiffchen" wird um soviele Felder fortbewegt, wie die Augenzahl des Würfels anzeigt (es wird durch den Trinkhalm von Klebepunkt zu Klebepunkt gepustet). Welcher Spieler erreicht zuerst die Schatzinsel?

Variation

Vor Spielbeginn werden unterschiedliche Klebepunkte mit einem schwarzen Punkt versehen. Der Spieler, der auf einem solchen Klebepunkt gelangt, darf sein „Schiffchen" mit einer Holzperle oder einer Spielfigur „beladen". Die Weiterfahrt wird erschwert.

Ziele bei diesem Spiel
– Zwerchfellaktivierung
– Kräftigung der Ausatemmuskulatur
– Förderung des gezielten Pustens (durch einen Trinkahlm auf den Schraubverschluß zielen)
– Tonisierung der Gesamtkörperspannung

Besondere Anmerkungen

Anfängerspiel! Die Atemkraft muß noch nicht so groß sein (bis auf die **Variation**!).

Hinweise zur Körperhaltung und Spielhaltung

Dieses Spiel wird im Stehen am Tisch gespielt. Auf eine gute Körperhaltung ist zu achten.

Problemquellen

Der Schraubverschluß läßt sich durch die Atemkraft des Kindes nicht fortbewegen. Spiel abbrechen.

Name des Puste-Spiels	Material/Medien	Vorbereitungen
Zielschießen	leere Gebäckdose, oder tiefer Teller, farbig angemalte Streichhölzer ohne Zündkopf. Für jeden Spieler: Trinkhalm mit Knick	keine

Spielregel
Eine leere Gebäckdose oder ein tiefer Teller stehen auf dem Fußboden. Eine Startlinie wird markiert (Stock oder Schnur). Jeder Spieler entscheidet sich für eine Farbe und erhält drei Streichhölzer (ohne Zündkopf). Die Streichhölzer werden in den kürzeren Teil des Trinkhalmes gesteckt und auf 'Los' wird kräftig in den Trinkhalm gepustet. Wer zielt in den Suppenteller oder in die leere Gebäckdose? Dieses kann Punkte geben, die auf einem Blatt notiert werden.

Variation
Es ist möglich, bestimmte Wörter zu bilden die mit einem „s" oder einem „k" beginnen („s" für Suppenteller und „k" für Keksdose). Die Wörter können dann notiert werden (nur für Schulkinder).

Ziele bei diesem Spiel
– Zwerchfellaktivierung
– Kräftigung der Ausatemmuskulatur
– Förderung einer gezielten, kurzen Ausatmung
– Förderung feinmotorischer Fähigkeiten (Streichholz in den Trinkhalm stecken)
– Anregung des Wortschatzes (Wörter mit dem Anlaut „s" und „k")
– Konzentration, Aufmerksamkeit und Ausdauer
– Tonisierung der Gesamtkörperspannung

Besondere Anmerkungen
Kleingruppen geeignet!
Dieses Spiel verlangt Geduld. Es dauert ein wenig, bis der Spieler herausgefunden hat, mit wieviel Atemkraft er das Streichholz gezielt in die Gebäckdose/Suppenteller befördert. Es werden mit Absicht zwei Ziele aufgestellt, da sich dadurch die Möglichkeit erhöht, zu treffen.

Hinweise zur Körperhaltung und Spielhaltung
Dieses Spiel wird im Stehen gespielt. Auf eine gute Körper- und auch Kopfhaltung ist zu achten.

Problemquellen
Die Startlinie ist zu weit entfernt. Situation verändern. In diesem Fall erst mit geringem Abstand zur Gebäckdose/Suppenteller beginnen, nach und nach die Startlinie verändern.

Kind bei dem Spiel: Löwenjagd

Name des Puste-Spiels	Material/Medien	Vorbereitungen
Löwenjagd	ein Gummilöwe (Größe ca 1 cm) – für jeden Spieler: Zahnstocher, sowie Trinkhalm mit Knick	keine

Spielregel

Die Trinkhalme werden geknickt. Der Zahnstocher wird in den kürzeren Teil des Knickhalmes gesteckt. Der Gummilöwe (kann auch ein anderes kleines Tier sein) steht auf einem Hocker oder auf dem Tisch. Jeweils ein Spieler 'schießt' mit einer kräftigen Ausatmung seinen Zahnstocher (Pfeil) und versucht damit, den Löwen zu treffen, der dann umfällt. Wer wird Sieger? Manchmal kann es dauern, bis der Löwe umfällt.

Variation

Schwierig! Bei der Behandlung eines Sigmatismus lateralis (fehlerhafte „s"-Bildung) kann dieses Spiel eingesetzt werden, um ein Gefühl für eine mittige Luftführung zu bekommen. Der 'Pfeil' wird mit einem hörbaren „z"- Laut aus dem Trinkhalm hinausgestoßen. Bei dieser Übung muß das Zwerchfell aktiv eingesetzt werden. Die Zunge bildet eine Rinne, durch die der Luftstrom mittig entweicht, genauso wie bei einer korrekten „s"- Lautbildung.

Ziele bei diesem Spiel

– Zwerchfellaktivierung
– Bewußtmachung des Zwerchfells
– Kräftigung der Ausatemmuskulatur
– Erfahren eines intensiven, starken Ausatmens
– Förderung des gezielten Pustens (objektbezogen)
– Erleben und Spüren, daß die Atemkraft etwas in Bewegung setzt
– Förderung feinmotorischer Fähigkeiten (Zahnstocher in den Trinkhalm stecken)
– Konzentration, Aufmerksamkeit und Ausdauer
– Tonisierung der Gesamtkörperspannung

Besondere Anmerkungen

Dieses Spiel ist schwierig. Die Fähigkeit, gezielt zu pusten, sollte beherrscht werden. Auch hier ist die Gefahr einer Hyperventilation gegeben. Abhilfe können **Spielregel**veränderungen (Handrücken nach erfolgter Ausatmung vor den Mund halten) oder das Benutzen eines Duftpflasters (siehe in diesem Buch S. 109) bieten.

Hinweise zur Körperhaltung und Spielhaltung

Dieses Spiel wird im Stehen/Hocken gespielt. Auf eine gute Körperhaltung ist zu achten.

Kind bei dem Spiel: Luftwirbel
Der Luftwirbel wurde vor Spielbeginn von der Spielerin selbst gestaltet. Die Vorlage wird an den Linien gefaltet und auf der angegebenen Seite hingestellt.

Name des Puste-Spiels	Material/Medien	Vorbereitungen
Luftwirbel	für jeden Spieler: einen Luftwirbel (6.1.4)	Kopiervorlage nach Anleitung herstellen

Spielregel

Die Luftwirbel (bezeichnete Seite) werden auf den Tisch gestellt. Ein Spieler beginnt und pustet kräftig. Der Luftwirbel entfernt sich – das erreichte Ziel kann durch eine Markierung festgehalten werden, bevor der nächste Spieler an der Reihe ist.

Variationen

1. Der Luftwirbel wird von Spieler zu Spieler gepustet.
2. Die Kopiervorlage wird auf Karton kopiert oder auf Karton geklebt.
3. Ein Gegenstand (Bauklotz) wird von innen auf den Luftwirbel gelegt, dann wird gepustet.

Ziele bei diesem Spiel

- Zwerchfellaktivierung
- Schulung einer intensiven Ausatmung
- Förderung des gezielten Pustens (der Luftwirbel wird mit dem Ausatemstrom getroffen)
- Lippenübungen (Aktivierung des Lippenringmuskels)
- Training visueller Fähigkeiten (verfolgen des Luftwirbels)
- Tonisierung der Gesamtkörperspannung

Besondere Anmerkungen

Dieses Spiel ist schwierig, da es eine gerundete Lippenöffnung verlangt und der Atem gezielt auf den Gegenstand gerichtet sein muß (Erfahrungen mit dem Pusten sind Voraussetzungen).
Kleingruppen geeignet!

Hinweise zur Körperhaltung und Spielhaltung

Dieses Spiel kann in der Hocke/Knien an einem Tisch gespielt werden.

Problemquellen

Ein Speichelregen erfolgt während des Pustevorgangs. Ein Trinkhalm mit großem Durchmesser kann Abhilfe schaffen.

Name des Puste-Spiels	Material/Medien	Vorbereitungen
Buntstiftrennen	für jeden Spieler einen Buntstift/ Bleistift (Länge ca. 10 cm) – farbiger Klebestreifen (evtl. Klarsichthülle)	eine Start- und Ziel-linie auf den Tisch kleben (Spieltisch sollte glatt sein!).

Spielregel

Die Buntstifte werden an die Startlinie auf den Tisch gelegt. Auf ein Startsignal hin, werden die Buntstifte durch Pusten fortbewegt. Wer erreicht zuerst das Ziel? Der Tisch sollte nicht zu lang sein (Haltungsprobleme). Die Klarsichthülle kann dieses Spiel erleichtern, der Buntstift bewegt sich besser.

Variationen

1. Dieses Spiel eignet sich als Wettspiel mit mehreren Kindern.
2. Für Kinder, die den Laut „sch" beherrschen: Das Buntstiftrennen kann auch mit dem neu erlernten Laut „sch" gespielt werden. Jede Ausatmung erfolgt mit einem „**sch**" (Sprechvers dazu: **Sch**ieben – **sch**ieben, immer **sch**ieben, dieser **St**ift, der bleibt nicht liegen!).

Ziele bei diesem Spiel

– Zwerchfellaktivierung
– Kräftigung der Ausatemmuskulatur
– Erfahren eines intensiven, starken Ausatmens
– Erlernen des Zielpustens (objektbezogen)
– Aktivierung des Lippenringmuskels (M. orbicularis oris)
– Erlernen des Sprechverses
– Konzentration, Aufmerksamkeit und Ausdauer
– Tonisierung der Gesamtkörperspannung

Besondere Anmerkungen

Dieses Spiel läßt sich nur kurz spielen, da in diesem Falle eine Hyperventilation sehr schnell auftreten kann (der Wettbewerbscharakter verhindert eine Schnelligkeit der Luftergänzung). Hier kann das Duftpflaster (Riechspiel S. 109) Abhilfe schaffen. Die **Spielregel**, daß der Handrücken vor den Mund gehalten wird, um die nächste Einatmung durch die Nase strömen zu lassen, kann angeboten werden.

Hinweise zur Körperhaltung und Spielhaltung

Dieses Spiel wird im Stehen/Knien gespielt. Auf eine gute Körperhaltung ist zu achten (der Spieltisch sollte nicht zu lang und nicht zu hoch sein!).

Problemquellen

Der Spieler kann nicht gezielt auf den Buntstift pusten, so daß er liegenbleibt. Um weitere Frustrationserlebnisse zu vermeiden, entweder großen Trinkhalm anbieten, oder ein adäquates Spiel aussuchen.

Name des Puste-Spiels	Material/Medien	Vorbereitungen
Filmrollen-Pusten	eine leere Filmrollen-dose für jeden Spieler – Zahlenwürfel – farbiger Klebestreifen	eine Start- und Ziel-linie auf den Tisch kleben (Spieltisch sollte glatte Oberfläche auf-weisen).

Spielregel
An der Startlinie werden die Filmdosen so hingelegt, daß sie durch eine kurze, starke Ausatmung durch die gerundete Lippenöffnung, in Richtung Ziellinie bewegt werden. Auf ein gemeinsames Startzeichen hin, geht's los. Wer erreicht zuerst die Ziellinie?

Variationen
1. Die Entfernung von Start- und Ziellinie ist vom Können der Spieler abhängig.
2. Der Spieler würfelt, bevor er pustet. Die Augenzahl des Würfels gibt an, wie oft der Spieler pusten darf.
3. Die Filmdosen werden vor Spielbeginn mit Erbsen, Sand oder Linsen gefüllt (vorher selbst ausprobieren, was möglich ist!) und dann wird gepustet.

Ziele bei diesem Spiel
– Zwerchfellaktivierung
– Stärkung der Ausatemmuskulatur
– Verbesserung mundmotorischer Geschicklichkeit
– Aktivierung des Trompetermuskels (M. buccinator)
– Kräftigung des Zungenkörpers (Spannungsaufbau- Bildung einer Rinne)
– Förderung des gezielten Pustens (auf einen Gegenstand gerichtet)
– Konzentration, Aufmerksamkeit und Ausdauer

Besondere Anmerkungen
Dieses Spiel sollte **ohne** Trinkhalm gespielt werden, da die gesamte, orofaziale Muskuatur zu noch mehr Aktivität erzogen wird (zielgerichtetes Pusten).
Bei diesem Spiel besteht die Gefahr einer Hyperventilation. Hier kann als **Spielregel** eingeführt werden, daß nach jeder Ausatmung die Hand vor den Mund gehalten wird. Eine andere Möglichkeit: ein Duftpflaster (siehe unter Riechspielen S. 109) benutzen.

Hinweise zur Körperhaltung und Spielhaltung
Dieses Spiel wird im Stehen/Knien oder Hocken gespielt. Auf eine gute Kopfhaltung achten.

Problemquellen
Die Spieler haben einen feuchten Speichelregen. In dieser Situation wäre es denkbar, vorläufig einen großen Trinkhalm anzubieten, später jedoch, dieses Medium wegzulassen.

Kind bei dem Spiel: Walnußschalenrennen
die abgebildete Walnußschale wurde vor Spielbeginn mit Alu-Folie umwickelt, mit einem Wollfaden als Schwanz und zwei Augen, sowie Ohren als Maus hergestellt. Sie „läuft" auf einer Klarsichthülle (rutscht besser).

Name des Puste-Spiels	Material/Medien	Vorbereitungen
Walnußschalenrennen	für jeden Spieler eine halbierte Walnuß, sowie eine Murmel	keine Tischoberfläche sollte glatt sein!

Spielregel
Unter eine halbierte Walnußschale wird eine Murmel gelegt. Durch geschicktes Pusten wird die Walnußschale fast 'imaginär' bewegt. Vor Spielbeginn kann überlegt werden, ob die Walnußschalen ein bestimmtes Ziel ereichen sollen, oder ob sie sich gegenseitig berühren. Der Tisch sollte nicht zu lang sein (Haltungsprobleme).

Variation
Die halbierten Walnußschalen werden vor Spielbeginn mit Fingerfarben angemalt (als Marienkäfer, Biene, Fliege) weitere Spielweise wie oben beschrieben. Sie können aber auch mit Alu-Folie umwickelt werden: ein kurzer Wollfaden dient als Schwänzchen, zwei Filzstiftpunkte sind die Augen (Maus).

Ziele bei diesem Spiel
– Zwerchfellaktivierung
– Kräftigung der Ausatemmuskulatur
– Erfahren eines intensiven, starken Ausatmens
– Erlernen des gezielten Pustens (objektbezogen)
– Aktivierung des Lippenringmuskels (M. orbicularis oris)
– Aktivierung des Trompetermuskels (M. buccinator)
– Verbesserung mundmotorischer Fähigkeiten
– Konzentration, Aufmerksamkeit und Ausdauer
– Wiederherstellung einer eutonen Gesamtkörperspannung

Besondere Anmerkungen
Dieses Spiel ist für Spieler konzipiert, die schon viel Erfahrung und Geschick in puncto Pusten haben.

Hinweise zur Körperhaltung und Spielhaltung
Dieses Spiel wird im Stehen/Knien gespielt. Auf eine gute Körperhaltung ist zu achten (der Spieltisch sollte nicht zu lang und nicht zu hoch sein!).

Problemquellen
Die halbierte Walnußschale bewegt sich nicht. Eine mögliche Hilfe: Klarsichthüllen auf den Tisch legen, um eine glatte Oberfläche zu ermöglichen.

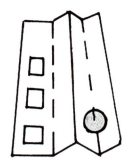

Zeichnung:
Berg- und Talfalten einer Pusteschiene aus Karton (je schwerer der Karton, desto besser, um ein Verrutschen zu vermeiden)

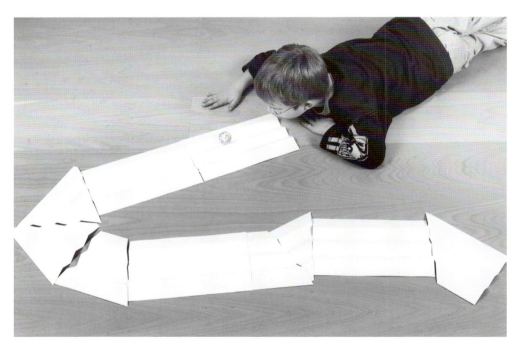

Kind bei dem Spiel: Pusteschiene
Auf diesem Foto pustet das Kind einen Ping-Pong-Ball in einer Pusteschiene aus der Bauchlage heraus an. Es wurden viele Pusteschienen aneinander gelegt (Mini-Golf-Bahn).

Name des Puste-Spiels	Material/Medien	Vorbereitungen
Pusteschiene	2 Pusteschienen (siehe Anhang) – Ping-Pong-Ball oder ähnliches (Watte) – evtl. Bildkarten	Kopiervorlage nach Anleitung herstellen

Spielregel

Die Pusteschienen werden nach Anleitung hergestellt und gefaltet auf den Tisch gelegt. Die Bildkarten (mit dem Anlaut „f" oder „s" oder „sch") werden seitlich verteilt und daneben gelegt. Der Ping-Pong-Ball liegt am unteren Ende der Puste-schiene. Durch eine kräftige, hörbare Ausatmung rollt der Ping-Pong-Ball zur entsprechenden Bildkarte. Diese darf dann benannt und weggenommen werden.

Variationen

1. Das Puste-Material wird individuell gewählt (siehe Materialvorschläge in diesem Buch).
2. Die Ausatmung wird solange gehalten, bis das Puste-Material an der Bild-karte angelangt ist (Beispiel: sch..........iff).
3. Eine Bildkarte wird gezogen (das jeweilige Pärchen liegt auf der Puste-schiene), bis zu diesem Bild pustet der Spieler. Gelingt dies, so darf die Karte behalten werden.
4. Puzzleteile werden an den Rand der Pusteschiene gelegt. Im Laufe des Spiels werden die entsprecheden Teile gesammelt.
5. Aus mehreren Pusteschienen läßt sich eine Mini-Golf-Bahn bauen.

Ziele bei diesem Spiel

– Zwerchfellaktivierung
– Schulung einer intensiven Ausatmung
– Förderung des gezielten Pustens (objektbezogen)
– Lippenübungen (Aktivierung des Lippenringmuskels)
– Erüben unterschiedlicher Konsonanten („f" - „s" - vorderes „ch" - „sch")
– Training visueller Fähigkeiten (verfolgen des Wattebauschs)
– Tonisierung der Gesamtkörperspannung

Besondere Anmerkungen

Dieses Spiel ist schwierig, da es eine gerundete Lippenöffnung verlangt und der Atem gezielt auf den Gegenstand gerichtet sein muß (Erfahrungen mit dem Pusten sind Voraussetzungen).

Hinweise zur Körperhaltung und Spielhaltung

Dieses Spiel kann in der Hocke auf/im Knien an einem Tisch gespielt werden. Es kann aber auch auf dem Fußboden gespielt werden.

Problemquellen

Ein Speichelregen erfolgt während des Pustevorgangs. Ein Trinkhalm kann Abhilfe schaffen oder das Material wird vor Spielbeginn laminiert.

Name des Puste-Spiels	Material/Medien	Vorbereitungen
Paletten-Pusten	– leere Palette (aus Lebensmittelgeschäft) – Wattebausch und – Gummitiere **oder** kleine Bildkärtchen	die Gummitiere oder Bildkärtchen werden in der Palette verteilt.

Spielregel

Der Wattebausch liegt auf der ausgestreckten Hand des Spielers. Das Kinn ist auf den Übergang von Handgelenk und Handteller gestützt. Die befüllte Palette steht auf dem Tisch. Die Spieler atmen nacheinander kräftig aus („sch"). Wo landet der Wattebausch? Die Bildkarte darf benannt und entnommen werden.

Variationen

1. Der Wattebausch wird mit Hilfe eines Trinkhalmes aus der Palette gesaugt, ebenso die Bildkarte (Wechsel von Abgeben-Pusten und Aufnehmen-Ansaugen).
2. In die Palette werden vor Spielbeginn kleine Wortkärtchen oder Übungsaufgaben gelegt (für Schulkinder).

Ziele bei diesem Spiel

– Zwerchfellaktivierung
– Erlernen einer einer ganz gezielten Ausatmung (objektbezogen)
– Kennenlernen der eigenen Atemkraft
– Verbesserung der mundmotorischen Geschicklichkeit
– Trainieren der Lippenrundung (bei „sch")
– Tonisierung der Gesamtkörperspannung

Besondere Anmerkungen

Die Spieler brauchen viel Erfahrung im Umgang mit der Ausatemfunktion Pusten. Es erfordert sehr viel Geschick, den Wattebausch in die Palette zu befördern.

Hinweise zur Körperhaltung und Spielhaltung

Dieses Spiel kann an einem Tisch gespielt werden. Auf eine optimale Sitzhaltung der Spieler achten. Der Ellenbogen kann aufgestützt werden (zur **Spielregel** machen).

Problemquellen

Die Ausatmung ist sehr feucht. Die Bildkärtchen laminieren.

Name des Puste-Spiels	Material/Medien	Vorbereitungen
Zielscheibe	leere Gebäckdose, Alu-Folie, wasserfester Stift, Notenständer oder sonstige Befestigungsmöglich- keit. Für jeden Spieler: – Schaschlikspieß und Trinkhalm mit Knick	leere Gebäckdose wird mit Alufolie überspannt (mit Haushaltsgummi), mit dem wasser- festen Stift wird eine Zielscheibe auf- gemalt.

Spielregel

Die Gebäckdose (Zielscheibe) wird auf einen Notenständer gestellt oder an die Wand gelehnt (leichte Schräglage wenn möglich). Die Spieler 'präparieren' ihr Zielrohr (Trinkhalm), indem sie den Schaschlikspieß dahinein stecken. Ein klei- ner Abstand zur Gebäckdose und los kann es gehen! Wer trifft die Zielscheibe. Ein längeres Ausprobieren ist nötig, denn es wird in der Regel nicht sofort auf die Zielscheibe getroffen.

Variationen

1. Anstelle der Schaschlikspieße können Zahnstocher verwendet werden. Die- se sind leichter, treffen aber seltener die Zielscheibe!
2. **Schwierig!** Bleibt der Schaschlikspieß in der Alu-Folie richtig stecken?

Ziele bei diesem Spiel

– Zwerchfellaktivierung
– Kräftigung der Ausatemmuskulatur
– Förderung einer gezielten, kurzen Ausatmung
– Erleben und Spüren, daß die Atemkraft etwas in Bewegung setzt
– Förderung feinmotorischer Fähigkeiten (Schaschlikspieß/Zahnstocher in den Trinkhalm stecken)
– Konzentration, Aufmerksamkeit und Ausdauer
– Tonisierung der Gesamtkörperspannung

Besondere Anmerkungen

Dieses Spiel verlangt sehr viel Ausdauer und Geduld. Die Ausatmung darf nicht zu feucht sein, denn sonst ist das Spiel nach wenigen Minuten beendet (Feuch- tigkeit bremst die Beweglichkeit des Schaschlikspießes).

Hinweise zur Körperhaltung und Spielhaltung

Dieses Spiel wird im Stehen/Hocken gespielt. Auf eine gute Körperhaltung ist zu achten.

Problemquellen

Der Trinkhalm ist zu feucht, so daß kein Pusten mehr möglich ist. Spielunter- brechung.

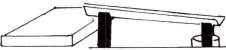

Seitenansicht

*Kind bei dem Spiel: Schiefe Ebene
die Luft entweicht aus der gerundeten
Lippenöffnung – die Deokugel muß
auf der schiefen Ebene bergauf rollen*

Die Deokugel hat ihr Ziel in einer Mulde der Palette erreicht

Name des Puste-Spiels	Material/Medien	Vorbereitungen
Schiefe Ebene	– 2 Papprollen (ca. 10 und 7 cm hoch), – Deokugel (oder leichte Kugel) – Winkelleiste (20 cm), Gummitiere/Bilder und – leere Palette (aus Lebensmittelladen)	die Papprollen werden in unterschiedliche Längen geschnitten, die Winkelleiste schräg darüber gelegt (von tief nach hoch) und die Palette befüllt.

Spielregel

Die Deokugel (Ping-Pong-Ball) liegt in der Winkelleiste und wird durch eine kräftige Ausatmung in die Palette befördert. Dieses gelingt erst nach einigen Versuchen, je nach Können der Spieler kann die Schräge verändert werden (durch Unterstellen eines Bauklotzes...). Die Kugel landet in einer Mulde der Palette. Das Bildkärtchen oder Tier kann benannt und entnommen werden. Nun ist der Nächste an der Reihe.

Variationen

1. Die Deokugel ist schwer zu bewegen, das Puste-Medium kann verändert werden (siehe unter Materialvorschläge Pusten: S. 144). Die Höhenunterschiede und der Abstand der Palette kann ebenfalls verändert werden.
2. In die Palette werden Übungskärtchen für die MFT-Therapie gelegt.

Ziele bei diesem Spiel

- Zwerchfellaktivierung
- Erlernen einer ganz gezielten Ausatmung (objektbezogen)
- Kennenlernen der eigenen Atemkraft
- Verbesserung der mundmotorischen Geschicklichkeit
- Trainieren der Lippenrundung
- Förderung feinmotorischer Fähigkeiten (Kugel auf Winkelleiste legen)
- Tonisierung der Gesamtkörperspannung

Besondere Anmerkungen

Dieses Spiel ist schwierig! Die Spieler brauchen sehr viel Erfahrung im Umgang mit der Ausatemfunktion Pusten. Es erfordert sehr viel Geschick, die Kugel in der Schräge zu halten, sie loszulassen und gleichzeitig kräftig zu pusten.

Hinweise zur Körperhaltung und Spielhaltung

Dieses Spiel wird im Stehen/Hocken/Knien an einem Tisch gespielt. Auf eine optimale Körperhaltung der Spieler achten (Kopfhaltung und Höhe der schiefen Ebene).

Problemquellen

Die Ausatmung ist sehr feucht. Hier kann unter Umständen ein Trinkhalm mit großem Durchmesser Abhilfe schaffen.

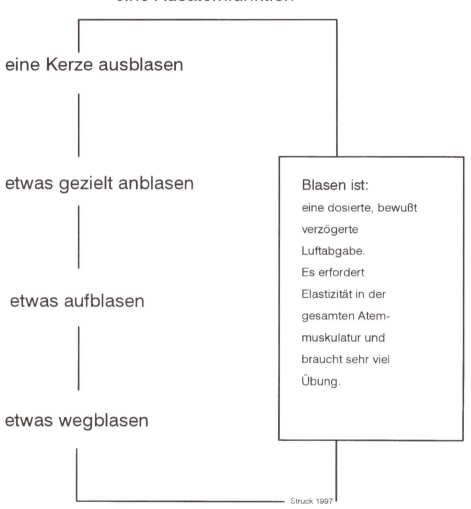

Blasen

Die Ausatmung des Blasens sollte durch die gerundete Lippenöffnung möglich sein. Bei einigen Spielen kann ein Trinkhalm zur Unterstützung mit angeboten werden.
Der unerwünschte Speichelregen kann ebenfalls durch Hinzunahme eines Trinkhalmes positiv beeinflusst werden.
Ziel sollte es sein, **ohne** ein Medium die Lippenöffnung so zu runden, daß der austretende Luftstrom mittig entweichen kann. Die muskuläre Aktivität von Wangen- und Trompetermuskel (M. buccinator) wird stark beansprucht. Der **Kinnmuskel** (M. mentalis) ist aktiv. **Bei Spielern, die zu einer Hyperaktivität dieses Muskels neigen, sind die Blas-Spiele trotz allem angebracht.** Durch diese Aktivierung kann sich der M. mentalis nach intensiver Benutzung besser lösen und entspannen. Eine Beobachtung des M. mentalis während des Spiels ist wichtig, um entsprechende Angebote (Massage/Lockerung des Kinnmuskels) in den „Pausenphasen" anzubieten.
Die Elastizität von Lunge und Zwerchfell wird trainiert.
Aus diesem Grund wurden die Blas-Spiele nach den Puste-Spielen angeordnet.
Blasen setzt Pusten voraus. Blasen ist schwieriger und verlangt mehr Beherrschung der Atemmuskulatur.
Die folgenden Blas-Spiele wurden so konzipiert, daß sie **ohne Trinkhalm** zu spielen sind.
Die Spiele wurden von leicht bis anspruchsvoll geordnet und können auch in dieser Reihenfolge gespielt werden.

Kind beim Blasen

Welche Materialien können für die Blas-Spiele verwendet werden?

– **Deokugel**
– **Fäden**
– **Federn**
– **Filmrollendosen**
– **Filmrollen**
– **Flöten**
– leere **Garnrollen**
– **japanische Papierbälle**
– **Kerzen**
– **Konfetti**
– **Papierschnipsel**
– **Papiertaschentücher** (einlagig)
– **Ping-Pong-Bälle**
– **Papierrüsse**l (Elefantenrüssel)
– **Partypicker** (Gastronomiebedarf)
– **Plastikautos** (Modellautos)
– **Seidenpapier**
– **Schnüre**
– **Styroporkugeln** (verschiedene Größen)
– **Überraschungsei**
– **Watte**
– **Wattepads**
– **Wattekugeln**
– **Zauberkerzen**
– **Zauberwolle**

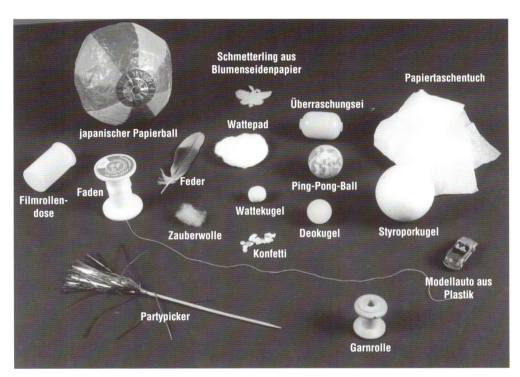

Blasmaterialien

*Kind bei dem Spiel: Springbrunnen
(kniend an einem Hocker gespielt)*

Name des Blas-Spiels	Material/Medium	Vorbereitungen
Springbrunnen	ein Glas mit Wasser und ein Trinkhalm für jeden	keine

Spielregel
Die Spieler blasen in ihr Glas mit Wasser. Möglichst viele Blasen sollen entstehen. Es soll stark „blubbern" (langsames Blasen, kräftiges Blasen, vorsichtiges Blasen...).

Variation
In das Wasserglas wird ein Tropfen Spülmittel hinzugefügt. Wann läuft das Glas über? (ist nur möglich, wenn die Kinder fähig sind, blasen und saugen zu differenzieren!)

Ziele bei diesem Spiel
– Zwerchfellaktivierung (Widerstand durch das Wasser)
– Erleben von Atembewegung (was macht der Ausatemstrom?)
– Erlernen einer dosierten, geführten Ausatmung (Lungenelastizität)
– Verbesserung der mundmotorischen Geschicklichkeit
– Erzeugen von unterschiedlichen Geräuschen
– gesamtkörperliche Spannungsregulierung

Besondere Anmerkungen
Für Gruppen geeignet! In diesem Spiel geht es darum, den Ausatem abgeben zu können.

Hinweise zur Körperhaltung und Spielhaltung
Dieses Spiel kann an einem Tisch gespielt werden. Auf eine optimale Sitzhaltung der Spieler ist zu achten.

Problemquellen
Die Spieler trinken das Wasser. Spiel abbrechen und ein anderes Blas-Spiel anbieten.

Name des Blas-Spiels	Material/Medium	Vorbereitungen
Seifenblasen-Spiel	ein Trinkhalm für jeden – Seifenblasenflüssigkeit und eine Nagelschere	mit der Nagelschere werden am unteren Rand des Trinkhalmes ca. 10 mal 2 mm tiefe Schnitte ausgeführt.

Spielregel

Die eingeschnittenen Ränder des Trinkhalmes werden umgebogen und in die Seifenblasenflüssigkeit getaucht. In den oberen Teil des Trinkhalmes wird leicht hineingeblasen. Es entstehen viele kleine, zarte Blasen. Funktioniert es nicht immer auf Anhieb, müssen evtl. noch mehr Einschnitte in den Trinkhalm vorgenommen werden. Darauf achten, daß nicht zu tief eingeschnitten wird.

Variation

Zu diesem Spiel wird die Lochwand (Materialbogen 6.1.6) benötigt. Die kleinen Seifenblasen fliegen durch die Lochwand hindurch. Diese kann zuvor mit Punkten/Zahlen/Buchstaben versehen werden, die dann notiert werden.

Ziele bei diesem Spiel

– Zwerchfellaktivierung
– Förderung der Lungenelastizität
– Verlängerung der Ausatmung (Exspiration)
– Erlernen einer dosierten, geführten Ausatmung
– Verbesserung der mundmotorischen Geschicklichkeit
– Verbesserung des orofazialen Muskelgleichgewichts
– gesamtkörperliche Spannungsregulierung

Besondere Anmerkungen

Bei herkömmlichen Seifenblasenspielen entsteht immer das Problem, daß die Seifenblasenflüssigkeit verschüttet wird. In diesem Falle steht sie separat auf einem Hocker/Tisch (dieses ist von großem Vorteil).

Hinweise zur Körperhaltung und Spielhaltung

Dieses Spiel sollte im Stehen gespielt werden.

Problemquellen

Bei der Herstellung des Trinkhalms können Probleme auftreten. Vorher ausprobieren, um unnötige Enttäuschungen zu vermeiden.

Name des Blas-Spiels	Material/Medium	Vorbereitungen
tanzender Clown	für jeden Spieler: – einen Trinkhalm mit Knick und einen – kleinen Clown an einem Zahnstocher.	keine

Spielregel

In Geschäften für Gastronomiebedarf gibt es kleine Clowns an einem Holzspieß (Verzierung auf einem Eisbecher). Der Trinkhalm wird geknickt, in das kürzere Ende wird der Clown gesetzt. Das längere Stück des Trinkhalms wird in den Mund genommen. Es wird kräftig und ausdauernd geblasen. Durch den austretenden Luftstrom bewegt sich der Clown.

Variation

Anstelle des Clowns kann eine Wattekugel benutzt werden. Das ist jedoch, viel schwieriger und erfordert noch mehr Geschick.

Ziele bei diesem Spiel

- Zwerchfellaktivierung
- Erweiterung der sogenannten 'Atembögen'
- Verlängerung der Ausatmung (Exspiration)
- Erleben einer Atemanregung
- Aktivierung der Rinnenbildung der Zunge
- Verbesserung der mundmotorischen Geschicklichkeit
- Verbesserung des orofazialen Muskelgleichgewichts
- Entwicklung feinmotorischer Geschicklichkeiten
- allgemeine, gesamtkörperliche Tonisierung

Besondere Anmerkungen

Dieses Spiel bedarf einiger Übung und Geschicklichkeit, um den kleinen Clown in Bewegung zu bringen (benötigt viel Atemkraft).

Hinweise zur Körperhaltung und Spielhaltung

Dieses Spiel sollte im Stehen gespielt werden (Körper- und Kopfhaltung beachten).

Problemquellen

Die Ausatmung ist zu feucht, so daß der Clown naß wird. Spiel beenden!

4

Name des Blas-Spiels	Material/Medium	Vorbereitungen
Himmel und Hölle	einen Bogen Karton—papier (Größe je nach Können der Spieler) Stift, diverses Blas-Material (siehe in diesem Buch S. 170).	das bekannte Spielfeld von Himmel und Hölle aufzeichnen.

Spielregel

Der Spielplan liegt auf dem Tisch. Durch dosiertes Blasen soll der Gegenstand auf ein Feld bewegt werden. Die erreichte Zahl wird notiert.

Variationen

1. Bildkarten (entsprechend auf dicken Karton geklebt, damit diese nicht wegfliegen) mit dem Anlaut „f" liegen auf den einzelnen Spielfeldern. Es können auch verschieden farbige Spielsteine, die dann eingesammelt werden, verwendet werden. Zu der Bildkarte, die auf dem jeweiligen Feld liegt, wird eine Geschichte erzählt.
2. Der Spielplan wird vergrößert (verlangt noch mehr Atemkraft). **Spielregel** wie oben beschrieben.

Ziele bei diesem Spiel

– Zwerchfellaktivierung
– Erweiterung der sogenannten 'Atembögen'
– Verlängerung der Ausatmung (Exspiration)
– Erleben einer Atemanregung
– Erlernen einer dosierten Ausatembewegung
– Aktivierung der Rinnenbildung der Zunge
– Verbesserung der mundmotorischen Geschicklichkeit
– Verbesserung des orofazialen Muskelgleichgewichts
– Erüben des „f"- Lautes (Anlaut)
– allgemeine, gesamtkörperliche Tonisierung

Besondere Anmerkungen

Anfängerspiel! Bei diesem Spiel können die Spieler erste Erfahrungen mit der Ausatemfunktion des Blasens gewinnen.

Hinweise zur Körperhaltung und Spielhaltung

Dieses Spiel kann am Tisch gespielt werden. Die Spieler stehen oder knien sich, um eine optimale Kopfhaltung zu erzielen.

Problemquellen

Die Ausatmung ist zu „feucht". Spielplan/Bildkarten laminieren.

176

Name des Blas-Spiels	Material/Medium	Vorbereitungen
Seilbahn	Kordel (Länge des Raumes) – kurze Trink–halmstücke (6 mm) – Filtertüte (groß) – Klebefilm.	Die 'Gondel' wird aus einer Filtertüte her-gestellt, diese wird am seitlichen Teil mit einem kurzen Stück Trinkhalm bestückt. Auf die Kordel ziehen, diese durch den Raum spannen.

Spielregel

Nachdem die 'Gondel' in Mundhöhe der Spieler gehängt wurde, bläst ein Spieler in die Öffnung der Filtertüte (vorher ein wenig knicken, so daß eine Öffnung klar erkennbar ist). Durch den dosierten Luftstrom, wird die 'Gondel' in Bewegung gesetzt. Wie oft muß geblasen werden, bis die 'Gondel' das Ende der Kordel er-reicht? Spielerwechsel, sonst besteht die Gefahr einer Hyperventilation!

Variation

Mit einer Ausatmung auf „p" oder „k" wird die 'Gondel' in Bewegung gesetzt (sie fährt nur kurze Abschnitte).

Ziele bei diesem Spiel

– Zwerchfellaktivierung
– Erweiterung der sogenannten 'Atembögen'
– Verlängerung der Ausatmung (Exspiration)
– Erleben einer Atemanregung
– Erlernen des gezielten Wegblasens
– Erüben dosierter Ausatembewegung
– Anwenden der harten Explosivlaute („p" und „k")
– Aktivierung der Rinnenbildung der Zunge
– Verbesserung der mundmotorischen Geschicklichkeit (Lippen- Zunge- und Wangenmuskulatur)
– Verbesserung des orofazialen Muskelgleichgewichts
– Tonusregulation

Besondere Anmerkungen

Gefahr einer Hyperventilation. Spielpausen einlegen, oder die **Spielregel**, den Handrücken vor den Mund halten, anbieten.

Hinweise zur Körperhaltung und Spielhaltung

Dieses Spiel wird im Stehen gespielt (Körper- und Kopfhaltung beachten).

Problemquellen

Die Atemkraft ist zu gering: kleinere Filtertüte verwenden.

*Kind bei dem Spiel: Ball-blasen
Spiel für jüngere Kinder: mit einem Eierbecher*

Name des Blas-Spiels	Material/Medium	Vorbereitungen
Ball-blasen	ein Ping-Pong-Ball, viele Eierbecher	keine

Spielregel

Die Eierbecher stehen dicht nebeneinander auf dem Tisch. In dem ersten Eierbecher liegt der Ping-Pong-Ball. Durch eine geschickte Ausatmung soll dieser Ball von einem Eierbecher zum nächsten geblasen werden.

Variationen

1. Es ist auch möglich, nur einen Eierbecher zu verwenden und zu blasen (für jüngere Spieler!)
2. Vor Spielbeginn werden Bildkärtchen in die Eierbecher verteilt. Dort wo der Ping-Pong-Ball lag, kann nach der Ausatmung das Bildkärtchen entnommen werden. Wer kann im Anschluß an das Spiel mit seinen Bildkärtchen eine kleine Geschichte erzählen?

Ziele bei diesem Spiel

- Zwerchfellaktivierung
- Förderung der Lungenelastizität
- Verlängerung der Ausatmung (Exspiration)
- Förderung des gezielten Anblasens (objektbezogen)
- Erlernen einer dosierten, geführten Ausatmung
- Aktivierung der Rinnenbildung der Zunge
- Verbesserung der mundmotorischen Geschicklichkeit (Zusammenspiel von Zungen- Lippen- und Wangenmuskulatur)
- Verbesserung des orofazialen Muskelgleichgewichts
- allgemeine, gesamtkörperliche Tonisierung

Besondere Anmerkungen

Dieses Spiel ist schwierig. Es bedarf einiger Übung und Geschicklichkeit, den Ping-Pong-Ball zu bewegen (viel Atemkraft und Erfahrung, den Luftstrom in einem angemessenen Winkel auf den Ping-Pong-Ball zu lenken). Vieles ist auch von der Beschaffenheit des Eierbechers abhängig! Vorher ausprobieren!

Hinweise zur Körperhaltung und Spielhaltung

Dieses Spiel sollte im Hocken/Knien gespielt werden (Kopfhaltung beachten). Es kann auch im Stand gespielt werden.

Problemquellen

Der Ping-Pong-Ball bewegt sich nicht. Die Atemkraft reicht nicht aus. Um unnötige Enttäuschungen zu vermeiden, Spiel abbrechen.

Kind bei dem Spiel: Schatzsuche

Die Schatzkiste wurde entdeckt.

Name des Blas-Spiels	Material/Medium	Vorbereitungen
Schatzsuche	leere Gebäckdose mit Vogelsand, Muscheln, Steine und einer Schatztruhe gefüllt. Für jeden Spieler: **dünner** Trinkhalm	Die Gebäckdose wird mit den Materialien gefüllt. (aus hygienischen Gründen muß der Vogelsand öfter ausgetauscht werden)

Spielregel

Die Spieler sollten blasen und saugen differenzieren können!
Ein Spieler dreht sich herum, der andere versteckt unter dem Vogelsand die Schatztruhe. Nachdem sich der Spieler umgewandt hat, bläst er intensiv und dosiert durch den **dünnen Trinkhalm**. Der Sand weicht weg. So wird nun die Schatzkiste gesucht. Dem Spieler können verbale Hilfen, wie „kalt" oder „heiß" genannt werden. Nachdem der Schatz „gehoben" wurde ist ein Rollentausch angesagt.

Variation

Es können zwei „Schatztruhen" vesteckt werden, die ohne verbale Hilfe des anderen, „gehoben" werden.

Ziele bei diesem Spiel

– Zwerchfellaktivierung
– Verlängerung der Ausatmung (Exspiration)
– Erleben einer Atemanregung
– Förderung des Riechsinns (der Geruch des Sandes – Anis)
– Erlernen des gezielten, lang andauernden Anblasens
– Erüben dosierter Ausatembewegung (ist sie zu kräftig, fliegt Sand in die Augen!)
– Aktivierung der Rinnenbildung der Zunge
– Verbesserung der mundmotorischen Geschicklichkeit (Lippen- Zunge- und Wangenmuskulatur)
– Verbesserung des orofazialen Muskelgleichgewichts
– Tonusregulation

Besondere Anmerkungen

Die Spieler sollten das dosierte Blasen beherrschen, sonst ist der Sand schnell aus der Gebäckdose geflogen.

Hinweise zur Körperhaltung und Spielhaltung

Dieses Spiel kann am Tisch gespielt werden (Körper- und Kopfhaltung beachten).

Problemquellen

An den Trinkhalmen bildet sich Kondensat. Der Sand bleibt daran kleben. Aus diesem Grund den Sand oft genug wechseln.

Kind bei dem Spiel: Das magische Papier

*Abstand zu Wand einhalten
Körper- und Kopfhaltung beachten*

Name des Blas-Spiels	Material/Medium	Vorbereitungen
Das magische Papier	ein 10 x 10 cm großes Seidenpapierstück	keine

Spielregel
Die „Zaubershow" beginnt. Ein Spieler hält das Papier in Mundhöhe des anderen Spielers an die Wand. Dieser steht ca. 10 cm von der Wand entfernt und bläst kräftig auf die Mitte des Papieres. Während der andere Spieler seine Finger löst, 'klebt' das magische Papier an der Wand.

Variation
Die Art und Größe des Papieres kann verändert werden und der Abstand zur Wand wird größer.

Ziele bei diesem Spiel
– Zwerchfellaktivierung
– Förderung der Lungenelastizität
– Verlängerung der Ausatmung (Exspiration)
– Förderung des gezielten Anblasens (objektbezogen)
– Aktivierung der Rinnenbildung der Zunge
– Verbesserung der mundmotorischen Geschicklichkeit (Zusammenspiel von Zungen- Lippen- und Wangenmuskulatur)
– Verbesserung des orofazialen Muskelgleichgewichts
– allgemeine, gesamtkörperliche Tonisierung

Besondere Anmerkungen
Schwieriges Spiel! Es bedarf einiger Übung und Geschicklichkeit, das magische Papier an die Wand zu blasen (benötigt viel Atemkraft).

Hinweise zur Körperhaltung und Spielhaltung
Dieses Spiel wird im Stehen gespielt (Körper- und Kopfhaltung beachten).

Problemquellen
Das magische Papier bleibt überhaupt nicht kleben. Die Atemkraft reicht nicht aus. Um unnötige Enttäuschungen zu vermeiden, Spiel abbrechen.

Kind beim Entrollen eines Papierrüssels – ein Zeigefinger hält eine Nasenöffnung zu. Durch eine intensive Ausatmung durch die Nase (schneuzen) entrollt sich der Papierrüssel. Der Papierrüssel kann auch mit einer Hand festgehalten werden. Die eingezogenen Lippen sind nicht von Nachteil.

Schneuzen

Schneuzen geschieht aus der Nase. Die Ausatmung wird hörbar aus der Nase gestoßen und setzt damit ein Medium (Blumenseidenpapier, Propeller, Elefantenrüssel....) in Bewegung.
Die folgenden Schneuz-Spiele können entsprechend der Reihenfolge angeboten werden. Sie können beliebig eingesetzt werden. Es ist nicht nötig, zuvor Blas- oder Puste-Spiele durchzuführen.

Methodischer Hinweis zu den Schneuz-Spielen

Bei Schnupfen und besonders bei Nasennebenhöhlenentzündungen sind alle Schneuz-Spiele zu vermeiden!
Nicht zu lange spielen! Gefahr der Hyperventilation!

Kind bei dem Spiel: Schmetterlinge schneuzen

Welches Material kann für die Schneuz-Spiele verwendet werden?

– **Sesamsaat**
– **Seidenpapierstückchen** (z.B. ausgeschnittene Schmetterlingsformen)
– **Konfetti**
– **Fadenstückchen**
– **Luftballon mit Ventil** (Öffnung beachten)
– **Papierrüssel** (auch Elefantenrüssel genannt)
– **Nasenflöte** (aus Kunststoff, erhältlich in Musikalienhandlung)
– kleine **Buchstaben** aus buntem Kunststoff
– **Papiertaschentuch** (einlagig)
– **Propeller** aus Plastik (Windrädchen)

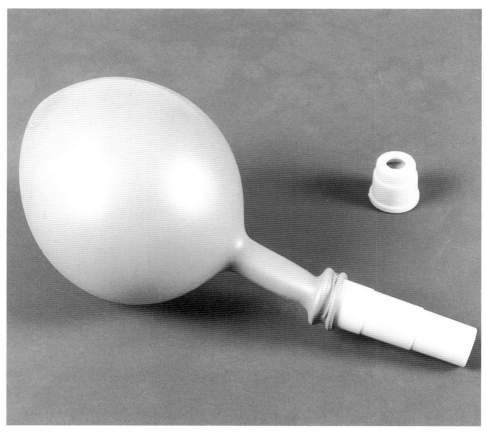

Luftballon mit Ventil (unterschiedliche Größen – erhältlich in Festartikelgeschäften)

Name des Schneuz-Spiels	Material/Medium	Vorbereitungen
Nasenspielereien	für jeden Spieler: – Papierrüssel **oder** Luftballon mit Ventil	keine Vor Spielbeginn die Nase putzen!

Spielregel

Ein Papierrüssel (auch Elefantenrüssel genannt) wird mit einer Nasenöffnung aufgeblasen, während die andere Nasenöffnung mit dem Zeigefinger verschlossen wird. Auf jeder Seite einmal den Papierrüssel entrollen lassen, dann pausieren.

Variationen

1. Vor Spielbeginn wird eine Wattekugel in das Innere des Papierrüssels gesteckt. Sie fällt dann heraus, wenn der Papierrüssel entrollt wird.
2. Fußball: eine Wattekugel dient als Fußball. Vor Spielbeginn werden die Tore festgelegt. Mit der Nase wird nun in den Papierrüssel geschneuzt, und zwar so, daß die Wattekugel damit angetippt wird. Wer schießt auf diese Weise ein Tor? Nicht zu lange spielen, Gefahr der Hyperventilation!
3. Anstelle des Papierrüssels kann auch ein Luftballon verwendet werden. Dieser wird vor Spielbeginn einmal mit einer Ballonpumpe aufgeblasen (dehnt sich). Im Anschluß daran, wird er mit einem Ballonventil versehen. Eine Nasenöffnung wird mit dem Zeigefinger verschlossen, durch die andere geschneuzt. Wer kann den Luftballon mit der Nase aufblasen? Jede Nasenöffnung nur einmal. **Nicht bei Nasennebenhöhlenentzündungen und Schnupfen spielen!**

Ziele bei diesem Spiel

– Zwerchfellaktivierung
– Gewinnen von Zwerchfellaktivität (kurze, stoßhafte Ausatmung)
– Erüben und erfahren gezielter Ausatembewegung durch die Nase
– Erreichen einer Nasendurchlässigkeit
– Herstellung des Druckausgleichs (Belüftung der Eustachischen Röhre)
– Aktivierung der Nasenfunktion (Weitung der Nasenflügel)
– Schulung des Körperbewußtseins
– Tonusregulation

Besondere Anmerkungen

Dieses Spiel sollte nicht zu lange gespielt werden. **Gefahr der Hyperventilation!** Dieses Spiel kann eine gute Hausaufgabe sein. Regelmäßig, einmal täglich, den Papierrüssel mit der Nasenausatmung entrollen.

Hinweise zur Körperhaltung und Spielhaltung

Dieses Spiel kann im Stehen gespielt werden (Körper- und Kopfhaltung beachten).

Ein Papierrüssel wird mit der Nase „aufgeblasen" (entrollt).

Kind bei dem Spiel: Nasenstüber
Gut sichtbar die Weitung beider Nasenflügel (Aktivierung des M. nasalis (pars alaris))

Name des Schneuz-Spiels	Material/Medium	Vorbereitungen
Nasenstüber	Seidenpapierstückchen oder Konfetti	keine Vor Spielbeginn die Nase putzen!

Spielregel
Seidenpapierstückchen oder Konfetti liegen in der Handinnenfläche. Die Handwurzel stützt sich am Kinn ab. Nun wird durch die Nase geschneuzt. Wer bringt was in Bewegung?

Variationen
1. Es werden unterschiedlich viele Seidenpapierstückchen oder Konfetti auf die Handinnenfläche gelegt. Wer kann die meisten herunterschneuzen?
2. Auf den Tisch wird ein zuvor beschriftetes Stück Papier (in einer Klarsichthülle) gelegt. Auf welches Feld fällt das Seidenpapierstückchen? **Spielregel** wie oben.

Ziele bei diesem Spiel
– Zwerchfellaktivierung
– Gewinnen von Zwerchfellaktivität (kurze, stoßhafte Ausatmung)
– Erlernen des gezielten Schneuzens
– Erüben gezielter Ausatembewegung durch die Nase
– Aktivierung der Nasenfunktion (Weitung der Nasenflügel)
– Schulung des Körperbewußtseins
– Tonusregulation

Besondere Anmerkungen
Dieses Spiel sollte nicht zu lange gespielt werden. **Gefahr der Hyperventilation!**

Hinweise zur Körperhaltung und Spielhaltung
Dieses Spiel kann am Tisch gespielt werden (Körper- und Kopfhaltung beachten).

3

Name des Schneuz-Spiels	Material/Medium	Vorbereitungen
Sesam schneuzen	Klarsichthülle, Sesamsaat, Papier und Stift	Spielplan mit Zahlen oder Spielfeldern auf ein Papier zeichnen und in Klarsichthülle stecken. Vor Spielbeginn die Nase putzen!

Spielregel
Die Sesamsaat liegt auf der Klarsichthülle. Durch gezieltes Schneuzen bewegt sich die Sesamtsaat. Einmal kräftig schneuzen, was passiert da? Was ist danach zu sehen? (Orakel)

Variation
1. Buchstaben oder Zahlen vom Spielplan werden notiert, nachdem ein Sesamkorn auf dieser Stelle angekommen ist.
2. Slalom: ein Sesamkorn wird durch Schneuzen auf dem Spielplan bewegt (jeder hat einen eigenen Spielplan). Wer ist zuerst am vorher vereinbarten Ziel?

Ziele bei diesem Spiel
- Zwerchfellaktivierung
- Gewinnen von Zwerchfellaktivität (kurze, stoßhafte Ausatmung)
- Erüben und erfahren gezielter Ausatembewegung durch die Nase
- Erreichen einer Nasendurchlässigkeit
- Aktivierung der Nasenfunktion (Weitung der Nasenflügel)
- Schulung des Körperbewußtseins
- Tonusregulation

Besondere Anmerkungen
Dieses Spiel sollte nicht zu lange gespielt werden – Gefahr der Hyperventilation!

Hinweise zur Körperhaltung und Spielhaltung
Dieses Spiel kann im Hocken/Knien oder am Tisch gespielt werden (Körper- und Kopfhaltung beachten).

Name des Schneuz-Spiels	Material/Medium	Vorbereitungen
Schmetterlinge schneuzen	Klarsichthülle, Schere, Schmetterlinge aus dünnem Seidenpapier und ein Stift	Schmetterlinge werden auf dünnes Seidenpapier gemalt und ausgeschnitten. In die Klarsichthülle kann ein Papier mit Blumen gelegt werden. Vor Spielbeginn die Nase putzen!

Spielregel

Ein Schmetterling liegt auf dem Handrücken des Spielers. Der Handrücken wird oberhalb der Oberlippe angedrückt. Durch die Nase wird kräftig geschneuzt, so daß der Schmetterling wegfliegt. Wie weit fliegt das Tier?

Variation

Die Klarsichthülle (evtl. reicht DIN A 4 nicht aus, nach Bedarf vergrößern!) mit den Blumenschatten wird auf den Tisch gelegt. Spielweise wie oben. Wer besucht eine Blume mit seinem Schmetterling?

Ziele bei diesem Spiel
– Gewinnen von Zwerchfellaktivität (kurze, stoßhafte Ausatmung)
– Erüben und erfahren gezielter Ausatembewegung durch die Nase
– Erreichen einer Nasendurchlässigkeit
– Aktivierung der Nasenfunktionen (Weitung der Nasenflügel)
– Schulung des Körperbewußtseins
– Tonusregulation

Besondere Anmerkungen

Dieses Spiel sollte nicht zu lange gespielt werden – Gefahr der Hyperventilation!

Hinweise zur Körperhaltung und Spielhaltung

Dieses Spiel kann im Hocken/Knien oder am Tisch gespielt werden (Körper- und Kopfhaltung beachten).

5

Name des Schneuz-Spiels	Material/Medium	Vorbereitungen
Propeller-Spiel	Windrädchen aus Plastik an einem Holzspieß (Gastronomiebedarf) für jeden Spieler!	Holzspieße um ein gutes Stück kürzen. Vor Spielbeginn die Nase putzen!

Spielregel

Das Windrädchen aus Plastik (Propeller) wird unter die Nase gehalten. Durch eine kräftige, schneuzende Ausatmung wird der Propeller in Bewegung gesetzt.

Ziele bei diesem Spiel

– Gewinnen von Zwerchfellaktivität (kurze, stoßhafte Ausatmung)
– Erüben und erfahren gezielter Ausatembewegung durch die Nase
– Erreichen einer Nasendurchlässigkeit
– Aktivierung der Nasenfunktion (Weitung der Nasenflügel)
– Schulung des Körperbewußtseins
– Tonusregulation

Besondere Anmerkungen

Dieses Spiel sollte nicht zu lange gespielt werden. **Gefahr der Hyperventilation!**

Hinweise zur Körperhaltung und Spielhaltung

Dieses Spiel kann im Stehen gespielt werden (Körper- und Kopfhaltung beachten).

Stimme

Im Zusammenhang mit der chronischen Mundatmung und oft in Kombination mit einer myofunktionellen Störung, entstehen rauhe Kinderstimmen, schon im Alter von vier bis sechs Jahren.
Die Ursachen der Stimmstörungen bei Kindern sind vielfältig. Häufig sind psychische Faktoren auschlaggebend. Diese sollten über eine entsprechende Behandlung (z. B. Familientherapie) mitbehandelt werden.

Die stimmlichen Auffälligkeiten äußern sich folgendermaßen:
Die Fähigkeit der stimmlichen Modulation ist begrenzt. Das Experementieren mit Stimme schränkt sich durch die fehlende Modulationsfähigkeit ein. Das Singen wird vermieden oder unterbunden, weil es nicht gut genug klingt, oder die Töne nicht gebildet werden können. Fehlfunktionen aus der Werbung und der Unterhaltungsmusik werden übernommen und von Erwachsenen häufig nicht als schlechte Stimmfunktion wahrgenommen.
Viele Erwachsene kennen den Satz, den sie als Kind gehört haben: „Du kannst ja gar nicht singen!" Oft reicht dieser Satz über Jahre hinweg aus, die Lust im Umgang mit Stimme, Tönen und Singen zu nehmen. Damit wird auch die Modulationsfähigkeit eingeschränkt.
Daher sollen die Angabe der Töne bei den Stimmspielen lediglich eine Richtung weisen. Sie sollten von Therapeutin und Kind entwickelt werden. „Musikalische" Therapeutinnen müssen vielleicht zeitweise ihre geschulten Ohren verschließen. Spaß an der Bewegung und die Entwicklung der Töne sollen im Vordergrund stehen. Alle Töne, auch „unschöne", haben ihre Berechtigung, wenn sie nicht zu sehr zur Fehlfunktion führen.
Die Stimm-Spiele in diesem Buch dienen unterschiedlichen Richtungen:
* den natürlichen Lippenschluß zu erreichen
* die Stimme gleichzeitig unbewußt miteinzubeziehen
* einen ökonomischeren Stimmgebrauch zu vermitteln
* Hörerfahrungen anzubieten
Durch die vorangegangenen Spiele werden die Atmung und die Atemmuskeln angeregt, trainiert und bereiten damit eine Basis für die Stimm-Spiele vor.
In den Stimm-Spielen steht die Entwicklung des eigenen Ausdrucks innerhalb der Übung im Vordergrund. Alle Stimm-Spiele werden indirekt angeleitet, das heißt, den Kindern wird nicht bewußt gesagt, daß es um ihre Stimme geht.
Ist dem Kind die Stimmstörung nicht bewußt, so ist dieses eine Chance. Das empfindliche Gefühl für den eigenen Stimmausdruck ist noch nicht so belastet. Es bietet dem Kind die Möglichkeit, die Töne selbst zu finden, ohne Korrektur und ohne Anweisung von Tonqualitäten. Das Kind soll seinen Spaß und seine eigenen Töne entfalten. Die selbstentwickelten, eigenen inneren Töne, bauen ein sicheres eigenes Gerüst. Nur solche Töne können das monotone Stimmgerüst unterbrechen. Ist den Kindern die Stimmstörung bewußt, dann sollten die folgenden Anregungen dennoch Beachtung finden.

Methodische Hinweise zu den Stimm-Spielen

* Atempausen

Unterbrechungen zulassen, um Atempausen zu ermöglichen. Atempausen können entstehen durch: Würfeln, Stiftwechsel, Rollenwechsel von Therapeutin und Therapiekind. Zu lange Ausatemphasen oder Stimmphasen verhindern eine natürliche Atempause.

* Stimmbewegung

Stimmbewegung ist wichtiger als langandauernde Töne. Stimmliche Bewegungen werden errreicht durch:
– Rhythmische Bewegungen, lang-kurz, schnell-langsam.
– Klangliche Bewegungen, hoch-tief.
– Körperliche Bewegungen, zum Beispiel unterstützen Armbewegungen
   die Stimmbewegung und Stimmführung.

* Grenzen

Die meisten Stimm-Spiele sind bewußt „zart" angelegt, um den Stimmdruck zu reduzieren. Grenzen in den neu entwickelten klanglichen **Variationen** sind laute Schreie oder „druckreiche" und gepreßte Töne. Es kann sein, daß das Kind Gefallen an schädlichen Stimmfunktionen findet. Dann sollte wieder zu anderen Atemspielen gegriffen werden, die nicht stimmbezogen sind, sondern den eventuell vorhandenen Druck, über die Ausatemfunktionen (zum Beispiel Puste-Spiele) umzusetzen.

* Zeit und Raum für Töne

Raum und Zeit für die Entwicklung der Töne sollte zu Verfügung stehen, selbst wenn es der Therapeutin noch so langweilig erscheint. Oft muß eine Therapeutin Geduld haben, bis neue oder andere Töne entstehen. Wiederholungen und „falsche" Töne sollten zugelassen werden. Gerade die Wiederholungen sind für das Kind ein Hörgerüst. Fühlt sich das Kind sicher, so entwickelt es selber Tonveränderungen, die Modulation wird reicher.
Die nun folgenden Stimm-Spiele wurden von leicht bis schwierig geordnet. Das letzte Stimm-Spiel jedoch, ist unserer Ansicht nach das Schwierigste.

1

Name des Stimm-Spiels	Material/Medien	Vorbereitungen
Karussell fahren	für jeden Spieler: Din A 3 Zeichenblock und Wachsmalkreiden	keine

Spielregel

Die Spieler malen Kreise auf das Papier (sogenannte Atemschriftzeichen; entwickelt von der Atem-Sprech- und Stimmlehrerin G. Schümann). Dabei summen die Spieler eine kleine Weile auf „m" (auf lockeren Lippenschluß achten). Sobald das Summen zu Ende geht, wird der Stift in die Luft geworfen und ein neuer Stift muß her. Viele Farben werden benutzt. Das Karussell kann auch die „Fahrtrichtung" verändern (die Kreisrichtung wird verändert).

Variationen

Die Stimmstärke kann variieren: leise – laut. Die Stimmhöhe ebenfalls: hell – dunkel

Ziele bei diesem Spiel

- natürlicher und lockerer Mundschluß beim Summen
- Spüren der Vibration in den Lippen bei der Lautbildung
- Atempause beim Stiftwechsel
- hörbarer und sichtbarer Unterschied von Tönen und Atmen
- Kennenlernen der eigenen stimmlichen Möglichkeiten
- Bewußtwerden von Nasenatmung und Mundschluß
- Konzentration, Aufmerksamkeit und Ausdauer werden geschult

Besondere Anmerkungen

Auf einen lockeren Lippenschluß achten! Nicht zu lange summen! Die Leistung besteht nicht darin, ein langes „m" zu summen. Oft den Farbstift wechseln, um nach einer Atempause die Stimmschwingung zu erneuern.

Hinweise zur Körperhaltung und Spielhaltung

Dieses Spiel kann im Stehen gespielt werden, indem das Papier an die Wand geklebt wird oder an einer Schultafel durchgeführt wird. Ansonsten eignet sich dieses Spielangebot im Sitzen an einem Tisch (evtl. das Papier auf den Tisch kleben, damit es nicht verrutscht).

Name des Stimm-Spiels	Material/Medien	Vorbereitungen
Farbenschlangen-malen	für jeden Spieler: Kopie des Material-bogens (6.1.7.) vier farbige Wachs-malkreiden (Faden oder Pflaster für den Mundschluß)	– Nasenatmung über-prüfen oder ermöglichen! – Nase putzen! – Farbstifte und Kopien bereitlegen

Spielregel
Die Schlange wird mit den vier Wachsmalkreiden (jeweils ein Feld) ausgemalt, dabei:
1. mit geschlossenen Lippen ein zusammengeklebtes Stückchen Pflaster- zwei Zentimeter lang, ein Zentimeter breit- zwischen den Lippen halten, auf einen lockeren Lippenschluß achten!
2. mit Summen auf „m" (Tonhöhen möglichst variieren, frei erfundene oder bekannte Melodien summen).

Variation
Die Therapeutin summt leise mit und gibt Stimm**Variationen** (hell – dunkel) vor (chorisches Summen).

Ziele bei diesem Spiel
– Mundschlußübung verbunden mit einer Tätigkeit
– Lippenbewußtsein entsteht durch „m"
– Nasenatmung wird automatisch stärker eingesetzt (natürlicher Reiz)
– Konzentration, Aufmerksamkeit

Besondere Anmerkungen
Das Kind sollte fähig sein, längere Zeit durch die Nase zu atmen (Möglichkeiten, dieses zu überprüfen: in diesem Buch S. 77). Den Atemrhythmus des Kindes beachten, beim Stiftwechsel eine Atempause zulassen. Auf einen lockeren Lippenschluß achten! Die Farbenschlange nicht zu korrekt ausmalen, sondern Stimme mit Bewegung und Farbe begleiten.

Hinweise zur Körperhaltung und Spielhaltung
Dieses Spiel wird am Tisch gespielt (evtl. das Schlangenpapier auf den Tisch kleben).

Problemquellen
Das Kind bekommt nicht genügend Luft durch die Nase oder schnappt nach Luft: Spiel beenden, Nasenwahrnehmungsübungen anbieten.

3

Name des Stimm-Spiels	Material/Medien	Vorbereitungen
Schlangentraum	ausgemalter Material-bogen (6.1.7.) für jeden Mitspieler in einer Klarsichthülle	– Nasenatmung über-prüfen oder ermöglichen! – Nase putzen!

Spielregel

Kind und Therapeutin haben jeweils eine bunt ausgemalte Schlangenkopie in einer Klarsichthülle vor sich liegen. Mit einem Finger wird in eine Richtung gestrichen (vom Schlangenkopf bis Schlangenschwanz), während durch die Nase unhörbar eingeatmet wird. Auf dem Rückweg (vom Schlangenschwanz bis zum Schlangenkopf) träumt die Schlange auf „m" summend von den schönsten Leckerbissen: wieder mit dem Finger fein über die Klarsichthülle streichen. Vor jeder erneuten Einatmung wird der „Leckerbissen" benannt (Ei, Maus, Kröte...).

Variation

Die Therapeutin summt leise mit und gibt Stimm**Variationen** (hell – dunkel) vor (chorisches Summen).

Ziele bei diesem Spiel
– Lippenbewußtsein entsteht durch „m"
– chorisches Summen – verstärkter Klang
– Nasenatmung – bewußtes Atmen durch die Nase
– Vibration der Nasenräume durch „m" möglich (Abtransport von Sekreten)
– auditive Wahrnehmungserfahrung
– Konzentration, Aufmerksamkeit

Besondere Anmerkungen

Das Kind sollte fähig sein, längere Zeit durch die Nase zu atmen (Möglichkei-ten, dieses zu überprüfen: in diesem Buch S. 77). Den Atemrhythmus des Kin-des beachten. Auf einen lockeren Lippenschluß achten!

Hinweise zur Körperhaltung und Spielhaltung

Dieses Spiel wird am Tisch gespielt (evtl. die Vorlage auf den Tisch kleben).

Problemquellen

Der Atem reicht nicht: Schlange verkleinern, den Möglichkeiten des Kindes anpassen.

4

Name des Spiels	Material/Medien	Vorbereitungen
Schlafende Hasen	Materialbogen (6.1.8) 6 mal kopieren Materialbogen (6.1.9) 1 mal kopieren	Materialbogen nach Anleitung herstellen und im Raum verteilen.

Spielregel

Kind und Therapeutin gehen zu den „schlafenden Hasen" und wecken sie auf, indem sie sanft über das „Fell" streicheln und dabei zart summen (auch mit Höhen und Tiefen wechseln).

Variationen

1. Die Hasen sind aufgewacht, jeder nimmt einen Hasen in die Hand und schnuppert (Nase rümpfen und viel bewegen). Sie finden das Gras. Jetzt mümmeln, schmatzen und kauen sie schnell und langsam ihr „Frühstück".
2. Therapeutin und Kind spielen selber die Hasen, indem sie durch den Raum hüpfen, hoppeln und springen. Stimmlich können diese Bewegungen begleitet werden durch summen, kurze Jauchzer mit „m" oder „juhu", oder sie singen das Kinderlied: „Häschen in der Grube...."

Ziele bei diesem Spiel

- erleben und produzieren eines sanften Stimmeinsatzes
- Nasenbewegungen erleben
- summend kauen
- mundmotorische Übung
- Körperbewegung und Stimmeinsatz

Besondere Anmerkungen

Dieses Spiel hat keinen Gewinnner/Verlierer.

Hinweise zur Körperhaltung und Spielhaltung

Dieses Spiel wird bewegt gespielt.

5

Name des Stimm-Spiels	Material/Medien	Vorbereitungen
Fliegender Teppich	für jeden Spieler: 1 farbiges Chiffontuch aus Polyamid	keine

Spielregel
Jeder Spieler hält mit seinen Händen das Chiffontuch in zwei Ecken fest. Der Spieler legt das ausgebreitete Tuch in die Luft. Die Hände lösen sich vom Tuch und der „fliegende Teppich" sinkt langsam auf den Boden. Beim Sinken des Tuches tönen beide Spieler auf „m".

Variation
Der Laut „m" kann durch „w", „s" oder Vokale ersetzt werden.

Ziele bei diesem Spiel
– Klangerlebnis
– Kennenlernen der eigenen stimmlichen Möglichkeiten
– Achtsamkeit des Körpers fördert die Atemspannung
– Lippenschluß durch den Laut „m" (Erhöhung der Lippenspannung)
– eingebaute Atempause
– Konzentration, Aufmerksamkeit und Ausdauer

Besondere Anmerkungen
Auf die individuellen Atem- und Stimmöglichkeiten der Spieler achten, gegebenfalls abwandeln.

Hinweise zur Körperhaltung und Spielhaltung
Dieses Spiel wird im Stehen/Bücken gespielt.

6

Name des Stimm-Spiels	Material/Medien	Vorbereitungen
Besuch auf dem Land	Tennisball für jeden Spieler Materialbogen (6.1.11 und 6.1.12) **oder** andere Materialien	Materialbögen ausschneiden und auf dem Boden auslegen. Oder andere Materialien (Stofftiere).

Spielregel

Spieler A:

1. berührt mit dem Fuß den Tennisball
2. schließt die Augen
3. stößt den Ball leicht mit dem Fuß über den Boden

Spieler B:

1. tönt bei Beginn des Ballrollens
2. Spieler A tönt solange wie Spieler B (auf „m", oder „s", oder „w")
3. Spieler B hört erst auf zu tönen, wenn der Ball zum Stillstand kommt, dann öffnet Spieler A die Augen. Spieler B gibt ihm die Gegenstände, die der Tennisball berührt hat. Danach Rollentausch.

Ziele bei diesem Spiel

- das visuelle Verfolgen des Tennisballs fördert die Lockerheit der Tonbildung
- Lippenschluß durch den Laut „m"
- verlangt dosierte Körperspannung (Anstoß des Tennisballes)
- auditive Wahrnehmungsschulung
- Vertrauensspiel
- eingebaute Atempause
- Konzentrationsschulung

Besondere Anmerkungen

Ein schwieriges Spiel! Die auditive Wahrnehmung des „blinden" Spielers verlangt sehr viel Konzentrationsfähigkeit.

Problemquellen

Die Spieler haben Probleme, die Augen geschlossen zu halten. Dieses Spiel läßt sich auch mit geöffneten Augen spielen.

Name des Stimm-Spiels	Material/Medien	Vorbereitungen
Balance	für jeden Spieler einen Trinkhalm, eine Start- und Zielmarkierung, – eine Schnur und – Gewinnmarken. (Spatel für den Mund- schluß)	Start- und Ziellinie werden markiert. Ist eine Nasenatmung möglich? (Überprüfung siehe in diesem Buch S. 77)

Spielregel

Die Schnur wird von der Start- zur Ziellinie auf den Boden gelegt. Der Spieler balanciert seinen Trinkhalm auf dem ausgestreckten Zeigefinger (Handrücken zeigt zum Boden hin) und geht dabei auf der Schnur von der Startlinie aus zum Ziel. Dieses begleitet er atmend und summend. Die Therapeutin beobachtet, ob die Lippen geschlossen sind und eine Nasenatmung möglich ist. Danach wechseln die Rollen. Ist ein Mundschluß möglich, so erhält der Spieler zwei Gewinnmarken. Ist der Trinkhalm auch noch auf dem Finger geblieben, so erhöht sich die Punktzahl auf drei. War dieses nicht möglich, so erhält der Spieler keine Gewinnmarke. Gewonnen hat der Spieler, der nach 6 Runden die meisten Gewinnmarken hat.

Variation

Vor Spielbeginn werden Hindernisse in den Weg gestellt (Hocker, Stühle oder ein Tisch). **Spielregel** wie oben beschrieben.

Ziele bei diesem Spiel
– Achtsamkeit des Körpers fördert Atemspannung
– Bewußtwerden von Nasenatmung und Mundschluß
– Lippenschluß durch den Laut „m" (Erhöhung der Lippenspannung)
– Nasenatmung und Mundschluß werden gefordert und damit positiv belohnt
– Selbstwahrnehmung in Bezug auf Mundschluß
– Nasenatmung und Mundschluß bei Therapeutin wahrnehmen
– Atemanregung durch Bewegung
– Konzentration, Aufmerksamkeit

Besondere Anmerkungen

Sollte ein Mundschluß nicht möglich sein, so kann ein Spatel, oder ein zusammengeklebtes Pflaster zu Hilfe genommen werden. Dieses Spiel läßt viele Variationen zu. Die Spieler haben häufig weitere gute Ideen (aufnehmen).

Problemquellen

Die Spieler haben Probleme, einen natürlichen Mundschluß dauerhaft zu halten. Spiel abbrechen und nach einem adäquaten Angebot, den Möglichkeiten des Kindes entsprechend, suchen.

Kind bei dem Spiel: Honig sammeln
Der Zeigefinger mit Biene tupft sanft auf die Blüte

Name des Stimm-Spiels	Material/Medien	Vorbereitungen
Honig sammeln	Materialbogen (6.1.10) und (6.1.11) für jeden Mitspieler eine Biene.	Bienen ausschneiden und um den Zeige-finger kleben. Materialbogen nach Anleitung herstellen. Blumen im Raum oder auf dem Tisch verteilen Start/ Ziel markieren.

8

Spielregel
Jeder Spieler „hüpft" drei mal auf einer Blume (tupft mit der Kuppe seines Zeigefingers) mit „ma, mä, mi" weiter. Das Tupfen geschieht dreimal sanft.

Variationen
1. Als Therapeutin kann ich meine Stimme variieren: singend/laut/leise/hell/dunkel/tonleiterartig, um dem Kind Hörbeispiele zu geben. Das Kind macht es vielleicht nach. Die Anweisung (hoch/tief/laut/leise..) sollen zu Anfang vermieden werden, um keinen Leistungsdruck bei der Stimmbildung aufkommen zu lassen. Auf genug Zeit zwischen den Blumen achten, um ein Lösen der Atemmuskulatur zu ermöglichen.
2. Anstelle von „ma, mä, mi ..." wird „pa, pä, pi" als Lautfolge angeboten (zum Beispiel, wenn ein Lippenschluß mit „m" nicht möglich ist).
3. Neue Lautfolge: „mu, meu, mo".

Ziele bei diesem Spiel
- stimmliche Variationen
- Lippenschluß wird gefordert (Nasenatmung und Mundschluß)
- das kurze „getupfte Hüpfen" fördert die reflektorische Atemergänzung
- durch das „sanfte" getupfte Hüpfen wird ein weicher Stimmeinsatz gefordert

Hinweise zur Körperhaltung und Spielhaltung
Dieses Spiel kann im Stehen gespielt werden, indem das Papier an die Wand geklebt wird. Die Blumen können auch im Raum verteilt werden. Die Spieler gehen von Blume zu Blume.

Problemquellen
Das Kind spielt zu schnell. Die Lösungspause kann nicht wirken. Abstand der Blumen verändern, so daß mehr Zeit dazwischen liegt oder: die Therapeutin macht mit und bestimmt damit das Tempo.

*Kind bei dem Spiel: Tierstimmen-Wettspiel
gut gerundete Lippen bei einem tönenden „Muh" – die geweiteten Augen unterstützen
eine „lockere" Stimmfunktion*

9

Name des Stimm-Spiels	Material/Medien	Vorbereitungen
Tierstimmen–Wettspiel	Materialbogen (6.1.12 und 6.1.13) sechs Büroklammern	Materialbögen nach Anleitung herstellen: Tierkarten kopieren, umknicken und eine Büroklammer mittig auf den Rand stecken, so daß die Karte steht.

Spielregel

Das Spielfeld wird je nach Konzentration und Ausdauer des Kindes vorbereitet. Jeder Spieler sucht sich 3 Tiere aus. Der „Tierwürfel" entscheidet, welches Tier einen Schritt gehen darf und macht währenddessen die entsprechende Tierstimme: **Hund:** wau (tiefste Stimme, Kiefer weit auf und zu), **Vogel:** piep (hohe Stimme/ Nase kraus), **Frosch:** quak (Stimme auf und ab), **Kuh:** muh (dunkel tönen und dazu eine Kaubewegung), **Schaf:** mäh (meckert hell, Lippen breit, lange oder kurze Töne), **Katze:** miau (hell- Glissando, lange Töne). Welches Tier erreicht zuerst das Ziel?

Variation

Das Gras (Materialbogen 6.1.9) wird im Raum verteilt. Der Würfel entscheidet, welches Tier sich mit seiner Stimme im Raum bewegt. Die Tiere finden ihre entsprechende Bewegung und gehen, laufen, kriechen, robben, fliegen durch den Raum (ohne Gewinner!). Hier ist es sinnvoll, daß die Therapeutin mitspielt und Anregung verschafft.

Ziele bei diesem Spiel
– verschiedene Stimmhöhen werden spielerisch ausprobiert
– Kennenlernen der eigenen, stimmlichen Möglichkeiten
– Ton**Variationen** wahrnehmen und reproduzieren lernen
– auditive Wahrnehmungsschulung

Besondere Anmerkungen

Jeder erzeugt die Tierstimmen, wie er sie klingen lassen kann. Nicht auf Tonhöhenwechsel aufmerksam machen, sondern zu Anfang nur durch eigene **Variationen** der Therapeutin andere Möglichkeiten erklingen lassen. Wird das Spiel wiederholt, können Anweisungen gegeben werden.

Hinweise zur Körperhaltung und Spielhaltung

Bewegungsdrang nicht verhindern! Den Spielplan auf den Tisch legen, die Spieler bewegen sich um den Tisch. Sie können gehen, kriechen, springen, robben, laufen, fliegen und schleichen.

10

Name des Stimm-Spiels	Material/Medien	Vorbereitungen
Echospiel	zehn Kärtchen mit Sätzen oder Fragen Materialbogen (6.1.14)	Kärtchen kopieren und in zwei Ecken des Raumes verteilen

Spielregel

Die Spieler gehen in die zwei Ecken des Raumes (teilen sich auf). Die Hände liegen wie ein Megaphon vor dem Mund. Der eine Spieler spricht die Fragen in der Rufterz (Durterz) in den Raum, der andere antwortet mit „m-m-m-m" auf die Frage als Echo, indem er die gleichen Intervalle (Töne) auf „m-m" hörbar macht. Möglichst leise, so daß der andere aufpassen muß, wie sich das anhört und wo es herkommt. Dazu ist es sinnvoll, wenn sich die Spieler gegenseitig nicht sehen (Distanz durch Stuhl oder Tisch).

Variation

Die Stimmstärke kann variieren – leise-laut und hell-dunkel.

Ziele bei diesem Spiel

– Hinhören lernen
– Nachmachen von unterschiedlichen Tonhöhen
– Unterschied leise – laut hören
– Achtsamkeit des Körpers fördert die Atemspannung
– Bewußtwerden von Nasenatmung und Mundschluß
– Kennenlernen der eigenen, stimmlichen Möglichkeiten
– Lippenschluß durch den Laut „m" (Erhöhung der Lippenspannung)
– Konzentration, Aufmerksamkeit und Ausdauer wird geschult

Besondere Anmerkungen

Die Spieler müssen lesen können.

Hinweise zur Körperhaltung und Spielhaltung

Dieses Spiel kann in der Hocke (Bodenkontakt) oder im Stand gespielt werden.

Problemquellen

Die Spieler haben Probleme, die Rufterz zu produzieren. Die Therapeutin sollte beginnen, die Fragen in der Rufterz zu stellen (Vorbild).

11

Name des Stimm-Spiels	Material/Medien	Vorbereitungen
Tönende Schritte	18 beschriftete Papiere: – 3 rote (mam) – 3 gelbe (mim) – 3 blaue (mum) – 3 weiße (mäm) – 3 orangene (mom) – 3 grüne (mem) 1 Zahlenwürfel	– Auslegen der Papiere im Raum: mischen und verteilen. Start und Ziel werden festgelegt. – die Schuhe werden ausgezogen

Spielregel

Es wird gewürfelt. Die gewürfelte Zahl wird auf den bunten Papieren zurückgelegt, indem jeder Schritt mit beiden Füßen auf einem Blatt endet, dazu wird der entsprechende Laut getönt. Wer ist zuerst am Ziel?

Variationen

1. Die Stimmstärke kann variieren: leise – laut. Die Stimmhöhe kann variieren: hell – dunkel
2. Die bunten Papiere können mit Abstand ausgelegt werden (nur bei geeigneter Raumgröße möglich), um die Tonhaltedauer zu verlängern.
3. Der Laut „m" kann durch „w", „s" oder „j" ersetzt werden.

Ziele bei diesem Spiel

– auditiver und visueller Unterschied von Tönen
– Füße werden bewußt betont (Bodenkontakt)
– Wechselfolge der Vokale lernen
– auditive Variationen durch: hell-dunkel und leise – laut
– Kennenlernen der eigenen stimmlichen Möglichkeiten
– Achtsamkeit des Körpers fördert die Atemspannung
– Lippenschluß durch den Laut „m" (Erhöhung der Lippenspannung)
– Konzentration, Aufmerksamkeit und Ausdauer

Besondere Anmerkungen

Die Spieler müssen lesen können. Auf die individuellen Atem- und Stimmöglichkeiten der Spieler achten, gegebenenfalls abwandeln.

Hinweise zur Körperhaltung und Spielhaltung

Dieses Spiel wird in Bewegung gespielt.

Problemquellen

Die StimmVariationen können nicht produziert werden: Übung oft vormachen und erst die Variationen verlangen, wenn dieses möglich ist).

5. Stundenbild – Therapieverlauf

Nachfolgend seien hier unterschiedliche Stundenverläufe protokolliert, in denen deutlich wird, wie die in diesem Buch vorgestellten Atemspiele in einer Therapiesituation eingesetzt werden können. Diese Stundenbilder sollten nicht exakt übernommen werden. Sie wurden für die entsprechenden Therapiekinder individuell konzipiert. Einzelne Abfolgen lassen sich jedoch sicherlich so übernehmen, wie sie dort aufgeführt sind.

5.1 Stundenprotokoll bei einer multiplen Dyslalie

Diagnose: multiple Dyslalie (Schetismus, Chitismus, Sigmatismus interdentalis)- Mundatmer
Alter: 4,6 Jahre – Geschlecht: männlich
Dauer der Therapiestunde: 45 Minuten
Zielvorstellung langfristig: 1. Anbahnung einer natürlichen Nasenatmung – 2. Behebung der Aussprachefehler
Zielvorstellung der Therapiestunde: Kräftigung der Gaumensegelmuskulatur, sowie Arbeit an der Gesamtkörperspannung des Kindes. Bildung und Erspüren der Zungenrinne (diese ist nötig für eine korrekte „ch[1]" und „sch"-Bildung). Lernen neuer Wörter mit dem Anlaut „sch".
Bisheriger Therapieverlauf: In den ersten Therapiestunden wurde der Mundbereich sensibilisiert. Mundschlußübungen – Aktivierung der Nasenatmung durch Nasenmassagen und das Angebot von Riechspielen, ebenso die Beweglichkeit der Zunge standen im Mittelpunkt der Behandlungsstunden. Durch gezielte Puste-Übungen fand eine erste Anbahnung des „sch"-Lautes statt. Körperbewußtsein für Atmung und Zungenbeweglichkeit (Rinnenbildung = Voraussetzung für die Bildung eines korrekten „sch"-Lautes) wurden entwickelt. Das Kind hat bereits die Einatemfunktion des Ansaugens erlernt.
Beschreibung der 5. Therapiesitzung: Zu Beginn der Stunde folgt ein Angebot zur **Gesamtkörpertonisierung**. Das Kind stellt sich auf einen sogenannten „Therapiekreisel" (eine stark abgeflachte Halbkugel aus Kunststoff). Um einen natürlichen Mundschluß zu erzielen, hält das Kind mit lockeren Lippen ein Stück Baumwollfaden. *Durch dieses Angebot gebe ich dem Kind die Möglichkeit, sich auf die Stunde einzulassen (anzukommen). Eine Veränderung der Gesamtkörperspannung tritt nicht sofort ein, sondern erst nach einigen Spielen. Aus diesem Grunde biete ich dem Kind nun ein Puste-Spiel an.* Für dieses **Puste-Spiel** wird für jeden Spieler ein Trinkhalm mit Knick und farbige Holzzahnstocher benötigt, des weiteren eine Standtafel mit einem aufgezeichneten und ausgeschnittenen Löwenmaul. Der Knick des Trinkhalmes wird herausgezogen. Der längere Teil des Knickhalms liegt zwischen den lockeren Lippen. Der farbige Zahnstocher wird in den kürzeren Teil des Knickhalmes gesteckt. Nun läßt eine kräftige, stoßhafte Ausatmung den Zahnstocher in Richtung „Löwenmaul" fliegen. Nachdem beide Spieler aktiv waren, wird nachgesehen, wer in das aufgestellte Löwenmaul „gezielt" hat. In dieser Weise wird noch einige Minuten gespielt. *Durch dieses Spiel lernt das Kind, seinen Ausatem gezielt und stoßhaft aus dem Knickhalm zu lenken. Dieses erfordert Körpererfahrung im Umgang mit der eigenen Atemkraft und der Spannungsvermehrung der Zungenmuskeln. Die Ausatmung findet „gezielt" statt.*
Nach Abschluß dieses Spieles biete ich dem Kind ein **Ansaug-Spiel** aus einer

Sauge-Spiel-Kiste mit unterschiedlichen „Themen" an (siehe in diesem Buch S. 121). Unter Umständen, je nach Auswahl des Spiels, wird für jeden ein Ohrtrichter benötigt. Das Ansaug-Spiel wird nach Anleitung gespielt. *Nach meiner Erfahrung ist es von sehr großer Bedeutung, daß sich das Kind das weitere Spiel selbst aussucht. Ich gehe immer davon aus, daß ein Kind sehr gut weiß, was es im Moment braucht. Die Ansaug-Spiele dauern in der Durchführung zum Teil länger als zehn Minuten. Es gibt aber auch Ansaug-Spiele (z.B. jeder Spieler legt fünf „Schatten" auf seinen Spielplan) von kürzerer Dauer. Ansaug-Spiele können mit der Zeit sehr anstrengend sein, deshalb achte ich sehr auf die Äußerungen der Kinder („mir wird ganz schlecht im Bauch....", oder „ich kann nicht mehr..."). Alle Saug-Spiele aktivieren die Zungen- und Gaumensegelmuskulatur. Dieses wiederum hat auch positive Auswirkungen auf die Gesamtkörperspannung der Spieler.*

Das nächste Angebot besteht aus einem **Riech-Spiel**. Da dieses die fünfte Therapiestunde ist, kennt das Kind schon unterschiedliche Riech-Spiele. Für diese Stunde suche ich mir ein dem Kind unbekanntes Riech-Spiel heraus: das Schnüffelspiel (in diesem Buch S. 115). Es geht darum, bekannte Gerüche Bildkarten (oder den ursprünglichen Gefäßen) zuzuordnen. Das Spiel steht schon vorbereitet in meinem Schrank. *Alle Riech-Spiele dienen der Aktivierung der Nasenatmung, das Riechorgan, die Nase, wird dem Kind bewußt gemacht. Der natürliche Einatemweg durch beide Nasenöffnungen wird benutzt und dadurch bewußt wahrgenommen. Riech-Spiele fördern die Aufmerksamkeit, Konzentration und Merkfähigkeit.* Zum Abschluß wird das **Puste-Spiel** „schiefe Ebene" (in diesem Buch S. 167) ausgewählt. In diesem Falle werden Bildkärtchen mit dem Anlaut „sch" in die Palette gelegt. Zunächst wird die angegebene **Spielregel** durchgeführt. *Vielleicht gelingt es dem Kind, mit einem kräftigen „sch" auszuatmen und die Kugel über die „schiefe Ebene" zu befördern. Ist dies nicht möglich, so ändere ich die **Spielregel** (beide Spieler pusten mit gerundeter Lippenöffnung). Dabei wird die Wangenmuskulatur trainiert und der austretende Luftstrom tritt mittig aus der Mundöffnung aus, so daß die Zunge eine Rinne bildet.*

Als Übungs- und Hausaufgabe nimmt das Kind die Bildkärtchen mit, die bei dem letzten Spiel „gewonnen" wurden. Diese sollen zu Hause geübt werden.

Anmerkungen

Bei diesem Stundenverlauf wird deutlich, daß nach den Prinzipien eines rhythmischen Wechselspiels von aus- und einatembetont gearbeitet wurde, also von Abgeben und Aufnehmen. Dieses unterstützt die Regeneration der Atmung (Arbeitsweise nach der Methode Schlaffhorst-Andersen) und damit die Voraussetzung für die Lautbildung.

5.2 Stundenprotokoll bei einem offenen Näseln

Diagnose: Rhinolalie aperta (offenes Näseln) – Mundatmerin
Alter: 4,9 Jahre – Geschlecht: weiblich
Dauer der Therapiestunde: 45 Minuten
Zielvorstellung langfristig: 1. Anbahnung einer natürlichen Nasenatmung, 2. Behebung des offenen Näselns
Zielvorstellung der Therapiestunde: Kräftigung der Gaumensegelmuskulatur durch die Verwendung der Explosivlaute „p" – „t" – „k", sowie die Arbeit an der Gesamtkörperspannung des Kindes. Bewußtes Erspüren des Nasenweges

und Nutzung beim Sprechen. Die Einatemfunktion des Saugens soll angebahnt und erlernt werden.

Bisheriger Therapieverlauf: In den ersten Behandlungsstunden wurden Mundschlußübungen mit Hilfe eines großen Knopfes angeboten (siehe hierzu Spiele aus dem Buch: Kunterbunt rund um den Mund von: Adams, Struck und Tillmanns-Karus, verlag modernes lernen Dortmund 1996, ab Seite 30) – Aktivierung der Nasenatmung durch das Angebot von Riech-Spielen. Ebenso standen verschiedene Puste-Spiele im Mittelpunkt der Stunden.

Beschreibung der 3. Therapiesitzung: Zu Beginn der Stunde folgt ein Angebot zur Regulierung der **Gesamtkörperspannung**. Das Kind wird auf einem „Pezzi-Ball" festgehalten. Es wird dazu angeregt zu hüpfen – entweder sitzend oder stehend. Jede Ausatmung wird hörbar von einem „pf" begleitet. Ist das gut möglich, so wird dem Kind ein Glas mit Wasser gereicht. Das Kind nimmt einen Schluck Wasser und soll diesen Schluck Wasser im Mundraum behalten und weiterhin hüpfen. Ich halte das Kind mit beiden Händen, damit es sich sicher fühlt (zuvor habe ich allerdings seine Nasendurchlässigkeit überprüft!). *Diese Übung führt zu einer Gesamtkörpertonisierung, sowie zu einer Bewußtmachung des Nasenweges. Auch bei Bewegung sollte eine natürliche Nasenatmung möglich sein.*

Ich biete dem Kind nun ein **Puste-Spiel** an. Für dieses Puste-Spiel wird eine sogenannte „Zauberkerze" (erhältlich in Zaubergeschäften) entzündet. Die Eigenschaft dieser Kerze, immer wieder, nachdem sie ausgepustet wurde, erneut zu entflammen, fasziniert Kinder sehr. Dieses Spiel kann nur wenige Minuten durchgeführt werden. *Achtung! Dauert dieses Spiel zu lange, so kann es zu einer Hyperventilation führen. Beobachten, in welcher Art und Weise die Kinder einatmen. Atmen sie hörbar durch den Mund, so empfiehlt es sich, ein sogenanntes „Duftpflaster" (in diesem Buch S. 109) auf den Handrücken zu kleben und das Kind anzuhalten, riechend durch die Nase einzuatmen. Durch dieses Spiel lernt das Kind, seinen Ausatem gezielt und stoßhaft aus der Lippenöffnung zu entlassen. Das Zwerchfell, aber auch das Gaumensegel wird zu intensiver muskulärer Aktivität erzogen. Die Ausatmung findet „gezielt" statt.* Nach Abschluß dieses Spieles biete ich dem Kind ein **Saug-Spiel** an. Zuerst vermittele ich dem Kind die Einatemfunktion des Saugens mit Hilfe eines Schraubverschlusses, der mit ein wenig Wasser gefüllt wurde. Ich bitte das Kind, mit dem Trinkhalm das Wasser „aufzusaugen". Gelingt dies dem Kind, so wird es angehalten, immer weiter zu saugen, bis der Schraubverschluß angesaugt und leicht hochgehoben werden kann. Dieses klappt nicht immer sofort. *Ich kann das Kind verbal unterstützen, indem ich Hilfen anbiete, wie: „stell Dir vor, Du trinkst", „mach ein schlürfendes Geräusch..." „immer weiter...". Besonders die Einatemfunktion des Saugens ist sehr hilfreich für eine optimale Gaumensegelspannung.* Hat das Kind noch genügend Kraft, so können wir das Staubsaugerspiel spielen. Kleine Papierschnipsel (Größe drei mal zwei Zentimeter) werden auf dem Boden verteilt. An den Trinkhalm wird ein Ohrtrichter gesteckt. Die Papierschnipsel werden angesaugt und eingesammelt. Für das Kind ist es eine positive Erfahrung, das Saugen erlernt zu haben und es zu beherrschen.

Das nächste Angebot besteht aus einem **Puste-Spiel.** Der Trinkhalm mit Knick vom vorherigen Spiel findet Verwendung, indem der Ohrtrichter entfernt wird. Jeder Spieler sucht sich einen farbigen Party-Picker (Gastronomiebedarf) und steckt diesen in den Trinkhalm. Mit einer kräftigen Ausatmung in den Trinkhalm, wird der Party-Picker herausbefördert. Welcher Party-Picker ist am wei-

testen geflogen? *Mit diesem Spiel wird das Zwerchfell trainiert. Das Gaumense-gel erhält einen Spannungszuwachs. Dieses wirkt sich auf die Gesamtkörper-spannung und auch auf die Aussprache des Kindes aus.*
Nach wenigen Minuten biete ich dem Kind noch ein **Riech-Spiel** als Abschluß an. Das Kind hält mir einen Geruch vor meine Nase. Ich folge dem Geruch. Danach tauschen wir die Rollen, so daß das Kind riechend durch das Therapie-zimmer geht. Ich achte auf einen natürlichen Mundschluß. *Alle Riechspiele dienen der Aktivierung der Nasenatmung. Das Riechorgan, die Nase, wird dem Kind dadurch bewußt gemacht. Der natürliche Einatemweg durch beide Nasen-öffnungen wird bewußt benutzt. Riechspiele fördern die Aufmerksamkeit, Kon-zentration und Merkfähigkeit. Bei diesem Spiel wird außerdem noch die Bewe-gung mit angeregt. Angeregte Bewegung = angeregter Atem.* Als Übungs- und Hausaufgabe nimmt das Kind den Trinkhalm und einen farbigen Party-Picker (evtl. für die Geschwisterkinder, oder Vater und Mutter) mit.

5.3 Stundenprotokoll bei einer myofunktionellen Störung

Diagnose: Zungenfehlfunktion – infantiles Schluckmuster – Mundatmer – oro-faziale Dyskinesie
Alter: 9,4 Jahre – Geschlecht: männlich
Dauer der Therapiestunde: 45 Minuten
Zielvorstellung langfristig: 1. das Erlernen der physiologischen Nasenat-mung und 2. das Erlernen eines korrekten Schluckmusters
Thema und Zielvorstellung dieser Therapiestunde: Einführung der neuen Übungen nach Prof. Garliner (aus dem MFT-Übungsprogramm) : mit zwei Gummiringen schlucken, Wortliste für die Zungenmitte, Lippenübungen (be-sonders um einen natürlichen Mundschluß zu erzielen) mit Kontrolle. Bewußt-machung der Nase – Riechübungen
Anzahl der bisher stattgefundenen Therapiestunden: 6
Bisheriger Therapieverlauf: Nach einer intensiven Befunderhebung in der 1. Therapiestunde wurden die Lippen und die Zunge sensibilisiert (mit einem Spatel wurde gestrichen/getupft/gezogen/gedrückt und gedehnt – nach der Mus-kelfunktionstherapeutin M.A. Bolten/Wiesbaden). Die Nasendurchlässigkeit wurde überprüft (siehe in diesem Buch S. 77). Weiterhin wurde die korrekte Zungenruhelage angebahnt und bisher wurde die Zunge täglich 20 Minuten „am Punkt" gehalten (langsame wöchentliche Steigerung). Es wurde darauf geachtet, daß während dieser Übung ein Mundschluß möglich war. Die soge-nannte 1-2-3 Übung wurde erlernt und korrekt geübt. Die Zwei-Gummi-Übung wurde ebenso korrekt erlernt und durchgeführt. Das Zungenbändchen wurde durch die sogenannte „Halte & Zieh-Übung" gedehnt (drei mal täglich 15 mal). Der Atemweg durch die Nase wurde durch unterschiedliche Riech-Spiele und das Training mit dem Nasenballon/Elefantenrüssel und Nasenmassagen be-wußt gemacht. Atemspiele, wie Puster ohr oder „Schatzsuche" (in diesem Buch S. 181) fanden am Ende der Therapiestunde reges Interesse.
Beschreibung der 7. Therapiestunde: Zu Beginn der Stunde biete ich eine Übung zur **Gesamtkörpertonisierung** an. Therapiekind und Therapeutin ste-hen in einem Abstand von ca. 2 Metern zueinander. Ein Softi-Ball wird jeweils mit einem heftigen, hörbaren Ausatem (Laute wie: „sch"- „s" - „z"- vorderes „ch") in die Mitte geprellt. Die andere Person fängt diesen Ball und macht es ebenso. Schnalzlaute/Lippenknallen oder ein zweimaliges Schnalzen (bei Berührung auf

dem Boden und wenn der Mitspieler den Ball fängt) können ebenso wie „t" oder „t-t" angeboten werden. *Dieses mache ich von der Situation abhängig und auch von der Körperspannung des Kindes – ist es eher hypoton, so können Explosivlaute oder kräftige Schnalzgeräusche mit der Zunge oder den Lippen von Vorteil sein, weil noch mehr Atemspannung aufgebracht werden muß. Insgesamt regt eine hörbare Ausatmung einen Spannungszuwachs / Spannungsausgleich an.*

Im Folgenden werde ich weitere Übungen aus dem Garliner-Programm anbieten (siehe Zielvorstellungen der Behandlungsstunde). Zwischen den einzelnen Übungen bleibt ein wenig Zeit, Hinweise auf die Atmung und Haltung zu geben. Ich fordere das Kind auf, den „Pezzi"-Ball zu prellen, während dieser Aufgabe wird die **„Halte & Zieh-Übung"** durchgeführt. *Mit dieser Übung wird der gesamte Körper miteinbezogen. Während der Ball nach unten geprellt wird, bleibt die Zunge am Gaumen (eine sehr effektive Übung, da eine Gegenspannung erzeugt werden muß).*

Nach dieser Übung biete ich ein **Riechmemory** an (maximal vier Pärchen sind zu entdecken). Während des Riechmemorys bleibt die Zunge „am Punkt" – wir unterhalten uns in der „Zungensprache", um welchen Geruch es sich handelt. (Spiel: siehe auch im Buch: Kunterbunt rund um den Mund von: Adams, Struck und Tillmanns-Karus, erschienen im verlag modernes lernen Dortmund 1996). *Riechen fördert die Nasenatmung, die gesamte Mundmuskulatur kommt in einen ausgeglichenen Muskeltonus.*

Nachdem **Lippenübungen** durchgeführt wurden, wird die neue Übung, den M. masseter (Kaumuskel) zu trainieren, angeboten (**Masseterzählübung** mit Kauschläuchen).

Zum Abschluß biete ich die **„schiefe Ebene"** (in diesem Buch S. 167) an. Zuvor werden in die Palette Teile der Wortliste (siehe Garliner: MFT-Übungsprogramm) gelegt. Das Kind spricht diese Worte laut und deutlich, nachdem die Kugel in diesem Loch „gelandet" ist, in welchem der Zettel (oder die entsprechede Zahl, die auf einer zuvor vorbereiteten Wortliste wiederzufinden ist) liegt. Zum Ende hin, werden die Übungsaufgaben für die kommende Woche besprochen.

Anmerkung

Bei diesem Stundenverlauf wird deutlich, daß ich sehr großen Wert auf Atmung und Haltung lege. Mir ist ein rhythmisches Wechselspiel von Übung und Spiel sehr wichtig. Ich kann durch das gezielte Angebot von Bewegung erkennen, ob es dem Kind gelingt, durch die Nase zu atmen und gleichzeitig überlegen, inwieweit weiterhin Nasenübungen sinnvoll sind. Es kann auch vorkommen, daß ich im Übungsplan wieder einige Schritte zurückgehe, da ich spüre, daß gewisse Grundprinzipien überhaupt nicht verstanden (verinnerlicht) wurden. Von mir als Therapeutin wird sehr viel Wachsamkeit und Aufmerksamkeit verlangt, um das Kind nicht zu überfordern. Unter Umständen erreiche ich mein Ziel nicht erfolgreich, wenn ich wichtige Übungsschritte zu schnell anbiete, oder sie nicht überprüfe. Die Schluckfehlfunktion soll bewußt umgestellt werden. Dieses dient der Gesunderhaltung, nicht nur der Zähne, sondern des ganzen Körpers (Atmung, Verdauung, Stimme und Sprache).

5.4 Stundenprotokoll bei einer kindlichen Stimmstörung

Diagnose: Stimmbandknötchen
Symptome: Räusperzwang, Mundatmer, häufige Infekte, Zungenfehlfunktion,

Tic (Augenlid), starker eigener Leistungsdruck, hyperaktives Bewegungsverhalten

Hörbarer Stimmbefund: heisere, für das Alter zu tiefe Sprechstimme, Anhalten der Luft und gepreßtes Ausstoßen der Luft oder der Sprache, monotone Sprachmelodie

Alter: 10,4 Jahre Geschlecht: männlich

Zielvorstellung langfristig: 1. das Erlernen der physiologischen Nasenatmung, Mundschluß und 2. Verbesserung der Phonation zum melodischen Stimmklang, 3. das Erlernen einer für ihn möglichen Eigenverantwortung im Umgang mit der eigenen Stimme, 4. Beheben der Zungenfehlfunktion

Thema und Zielvorstellung dieser Therapiestunde: Aktivierung und Bewußtwerdung des Atemwegs und der Lippen, Förderung der Ausatmung als Entspannungsmöglichkeit für die angestaute Atemspannung, weiteratmen können beim Spiel, erste Hörübungen für Geräusche, Stimme und Differenzierung von Klängen in hoch und tief.

Dauer der Therapiestunde: 45 Minuten einmal wöchentlich

Anzahl der bisher stattgefundenen Therapiestunden: Erstgespräch/Befunderhebung und eine Therapiestunde

Bisheriger Therapieverlauf: Anamnese und Aufklärung von Mutter und Kind über die derzeitige Stimmsituation und die negative Entwicklungsmöglichkeit der Stimme. Aufzeigen der Spiele in der Stimmtherapie und deren Wirkung. Vorstellen einiger Düfte aus dem Schnüffelspiel, verschiedene Puste-Spiele und Kontaktaufbau fanden in der ersten Therapiestunde statt.

Beschreibung der 2. Therapiestunde (Therapieplan): Zu Beginn der Stunde biete ich ein Ausatemspiel über die Nase an **Nasenballon** (in diesem Buch S. 187). Zuvor versichere ich mich, daß kein Infekt vorliegt. Der Luftballon wird nach dem Aufblasen im Raum losgelassen und wir schauen den fliegenden Luftballons zu (Entspannung der Atemmuskulatur während des Zuschauens). Der Luftballon, der von der Startlinie aus am weitesten fliegt, bringt eine Gewinnmarke. Es gibt maximal sieben Gewinnmarken. *Ich betone, daß dieses ein Glücksspiel ist und kein Können entscheidet, um dem eigenen Leistungsdruck etwas entgegenzusetzen. Es ist auch möglich, dieses Spiel ohne Gewinner zu spielen, doch nach meiner Erfahrung sind Kinder in diesem Alter an Regelspielen mehr interessiert.*

Zum rhythmischen Wechsel und um die nach der befreienden Ausatmung aktivierte Atmung zu nutzen, spielen wir das Spiel **„Nasendetektiv"** (in diesem Buch S. 110). Wir verstecken abwechselnd die fünf Gerüche im Raum und nun müssen wir naseschnüffelnd suchen (ist die Nase nicht mehr frei, Nase putzen!). Der Partner hilft mit „heiß" und „kalt" bei der Suche *(heiß wird hoch und kalt wird tief gesprochen – Variation der Stimme, Anregung der Stimmelodie).*

Nun folgt wieder ein Ausatemspiel **„Trinkhalm-Pusten"** (in diesem Buch S. 149). *Das visuelle Verfolgen der wegfliegenden Halme soll eine Pause darstellen, die zur Lösung der Atemmuskulatur beiträgt.* Erst wenn der Halm gelandet ist, gehen wir zu ihm hin und bringen ihn wieder an die Startlinie. *Dauerndes Pusten unterstützt beim stimmgestörten Kind die Überanstrengung, deshalb sind die Spiele immer so abzuwandeln, daß Atempausen entstehen können. Die Ziellinie wird nach der Atemkraft des Kindes bemessen, lieber zu nah, als zu weit, (selbst wenn das Kind den Reiz hat, die Weite zu verändern), damit nicht übermäßiger Atemdruck entsteht.*

Weiter geht es mit den **Lippen.** Welche Geräusche können Lippen produzieren? (siehe auch Spiele aus dem Buch: Kunterbunt rund um den Mund von: Adams, Struck und Tillmanns-Karus, erschienen im verlag modernes lernen Dortmund 1996) Wie klingen die Geräusche? Wem sind diese Geräusche zuzuordnen? Wozu und wann ist der Lippenschluß für den Menschen wichtig? *Dieses erkläre ich dem Kind oder erörtere es gemeinsam mit ihm.*

Anschließend nutzen wir das neue Wissen im **„Balancierspiel"** (in diesem Buch S. 201). Ein Trinkhalm liegt waagerecht auf dem ausgestreckten Finger des Spielers. Der Trinkhalm wird von der Startlinie bis zum Ziel getragen, dabei sind die Lippen geschlossen. Der Partner kontrolliert den Lippenschluß. Für das geglückte Balancieren mit geschlossenen Lippen erhält der Spieler drei Gewinnmarken. Für geglücktes Balancieren mit geöffneten Lippen eine Gewinnmarke. Ist der Balancierakt nicht gelungen, doch die Lippen geschlossen, erhält der Spieler zwei Gewinnmarken.

Abwandlungen: – Ist ein Mundschluß so nicht möglich, können die lockeren Lippen ein sogenanntes „Fixierpflaster" (Sensitiv für empfindliche Haut), welches zusammengefaltet verklebt wird, zwischen den Lippen halten.

– Ist diese Übung leicht durchführbar kann man während des Balancierens summen. Bei dieser **Spielregel** ist nur Atmen durch die Nase erlaubt.

Als ‚Hausaufgabe gebe ich ein „Duftpflaster" mit. Es soll bei den Schulaufgaben helfen, eine wache Nase zu bekommen.

Anmerkung

Atemspiele und die Summspiele aus diesem Buch sind eine Ergänzung und gute Vorbereitung für weitere Stimmspiele und andere Stimmübungen. Diese können auch im Wechsel mit den Atemspielen stattfinden. Die Atemspiele regen die Atmung an und bilden eine gute Basis für die Stimmübungen.

5.5 Stundenprotokoll bei einer Stottersymptomatik

Diagnose: klonisches Stottern, Sigmatismus interdentalis, Schetismus
Symptome: Starkes Atemhalten, Hyperaktivität
Alter: 7 Jahre Geschlecht: männlich
Dauer der Therapiestunde: 45 Minuten
Zielvorstellung langfristig: Durchführung der gezielt ausgewählten Stottertherapie für dieses Kind, Einbau der Atemspiele als Element zur Entlastung der angespannten Atemsituation, Behebung des Sigmatismus und Schetismus.
Zielvorstellung der Therapiestunde: Einführung der Saugefunktion, freie Sprechphase nach einem Puste- oder Blas-Spiel.
Bisheriger Therapieverlauf: Elternberatung, Einführung in die Puste-Spiele, Zungenübungen und Artikulationsübungen, freie Erzählphasen, rhythmische Übungen. In den bisherigen Therapiestunden wurde eine deutliche Entlastung durch die Atemspiele für die angespannte Atemsituation erreicht.
Beschreibung der 7. Therapiestunde: Zuerst wiederholen wir ein bekanntes **Puste-Spiel:** Buntstiftrennen (S. 158), zusätzlich bauen wir den Laut **„sch"** durch zusätzliche Bildkarten ein. *Vorbereitung für die Entspannung in der Atemmuskulatur.*
Als zweites wird das **Grimassenspiel** (Mimix von Schmidt-Spiele) gespielt, zur Lockerung, Differenzierung und Wahrnehmung der Gesichtsmuskulatur. Nach Beendigung des Grimassenspiels bekommen das Kind und die Therapeutin ei-

nen **„Zungentänzer"** (aus der Sprechwerkzeugkiste – siehe Literaturangabe).
Dieser „Zungentänzer" sitzt auf der Zunge und dessen Bewegungen werden vor
einem Handspiegel beobachtet. Danach probieren wir, wieviele „Zungentänzer"
auf die Zunge passen.

Dann spielen wir das **Ansaug-Spiel:** Kofferpacken, (S. 127). Das Kind kann gut
saugen. *Nach dem Saugen folgt oft eine erleichternde Ausatmung. Dieser Ausatmung gebe ich jeweils Raum, damit sie sich für das Kind als angenehm und
leicht bemerkbar macht. Das Saugen und Halten kann beim Stotterer die gewohnte Atemstruktur sein, daher ist es wichtig zuvor viele Ausatemspiele zu
spielen, um die Atemmuskeln vorzubereiten. Im Spiel sollten zwischen den „Sau-
geaktionen" immer einige Atemzüge möglich sein.*

Das Benennen der zu packenden Teile, erfolgt nach der „Saugeaktion". Dieses
erfolgt rhythmisch abwechselnd.

Es folgt das **Blas-Spiel:** Seifenblasen-Spiel, (S. 174) zur feineren Luftführung
(dem Therapiekind ist es möglich, diese dosierten Atemfunktionen auszuführen).
Anschließend lassen wir die Seifenblasen aus dem Fenster fliegen und erzählen
eine Geschichte rhythmisch abwechselnd, wohin die Seifenblasen fliegen und
was sie in der Welt erleben. *Das Sprechen soll nicht im Erwartungsdruck stattfinden, sondern aus der eigenen Phantasie erwachsen ungeachtet aller Wirklich-
keiten.*

*In die Stottertherapie können die Atemspiele unterstützend und begleitend einge-
fügt werden, je nach Zielvorstellung der Therapeutin.*

6.1 Kopiervorlagen und deren Anleitungen

6.1.1 Anleitung zum Materialbogen: Was versteckt sich da?
1. auf Karton kopieren
2. ausschneiden
3. Postkarte unterlegen

6.1.2 Anleitung zum Materialbogen: Mundformen
1. Vorlage kopieren (je nach Bedürfnis, auf Karton)
2. Mundformen ausmalen und ausschneiden (für jeden Spieler eigene Mundformen auswählen (Hygiene)

6.1.3 Anleitung zum Materialbogen: Auf zur Schatzinsel
1. entweder kopieren, oder dieses Buch umschlagen und auf den Tisch legen

6.1.4 Anleitung zum Materialbogen: Luftwirbel
1. kopieren und vergrößern (DIN A4)
2. nach Wunsch ausmalen
3. an den Linien falten
4. aufstellen (auf den mit dem Namen des Spiels beschriebenen Teil)

6.1.5 Anleitung zum Materialbogen: Pusteschiene
1. kopieren und vergrößern der Vorlage auf Karton (DIN A4)
2. beide Ränder (eine Berg- und zwei Talfalten) auf die Mittellinie zufalten
   und die Mittellinie, so daß ein M entsteht, falten

215

6.1.6 Anleitung zum Materialbogen: Lochtafel
1. kopieren und vergrößern auf Karton (DIN A4)
2. ausschneiden der Löcher
3. aufstellen zwischen Bauklötzen oder Büchern

6.1.7 Anleitung zum Materialbogen: Farbenschlangen und Schlangentraum
1. kopieren und vergrößern auf DIN A4 oder DIN A3

6.1.8 Anleitung zum Materialbogen: Schlafende Hasen
1. kopieren (mindestens 6 mal)
2. nach Wunsch ausmalen

6.1.9 Anleitung zum Materialbogen: Gras
1. auf Karton kopieren
2. ausmalen und ausschneiden

6.1.10 Anleitung zum Materialbogen: Honig sammeln (Bienen)
1. kopieren der Vorlage
2. ausschneiden (vor allem die seitlichen Randstreifen)
3. nach Wunsch ausmalen
4. zusammenkleben der seitlichen Ränder, so daß der Zeigefinger hineinpaßt

6.1.11 Anleitung zum Materialbogen: Honig sammeln (Blumen)
1. kopieren und vergrößern auf DIN A4
2. nach Wunsch ausmalen
3. zusammenkleben der beiden Seiten untereinander (so entsteht eine längere Flugbahn)
(für das Spiel: „Besuch auf dem Land" die Blumen ausschneiden – zuvor die Blumen unter Umständen auf Karton kopieren)

6.1.12 Anleitung zum Materialbogen: Tierstimmen-Wettspiel
1. kopieren der Vorlage auf Karton
2. ausschneiden
3. nach Wunsch ausmalen

6.1.13 Anleitung zum Materialbogen: Tierstimmenwürfel
1. auf Karton kopieren
2. zusammensetzen und kleben

6.1.14 Anleitung zum Materialbogen: Echospiel
1. kopieren, evtl. Vorlage auf Karton vergrößern
2. ausschneiden

6.1.15 Mundschlußtabelle kopieren

6.1.16 Mundschlußtraining kopieren

6.1.1 Materialbogen: Was versteckt sich da?

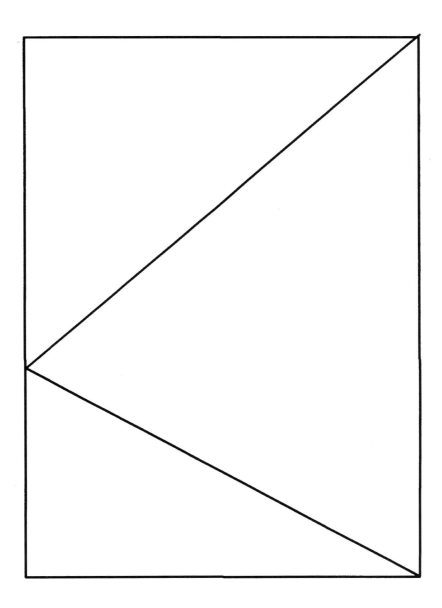

Vorlage für das Saugespiel: Was versteckt sich da?

6.1.1 Materialbogen: Was versteckt sich da?

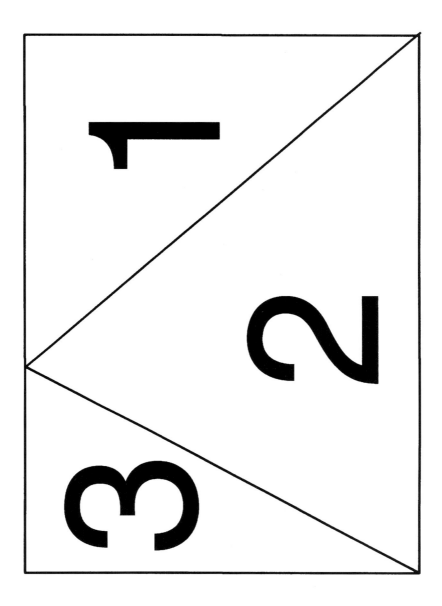

Vorlage für das Saugespiel: Was versteckt sich da?

6.1.1 Materialbogen: Was versteckt sich da?

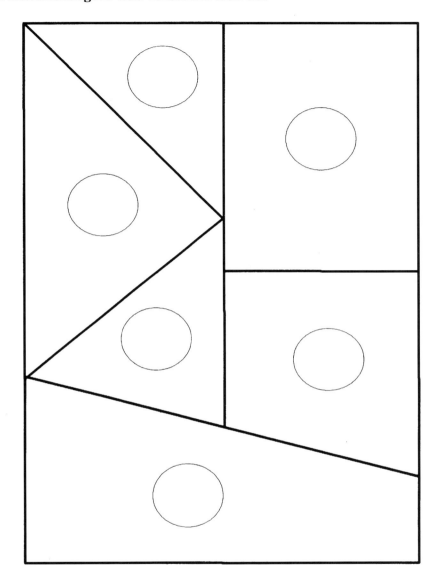

Vorlage für das Saugespiel: Was versteckt sich da?

 vor Spielbeginn werden die Kreise, entsprechend dem Farbwürfel, farbig angemalt

6.1.1 Materialbogen: Was versteckt sich da?

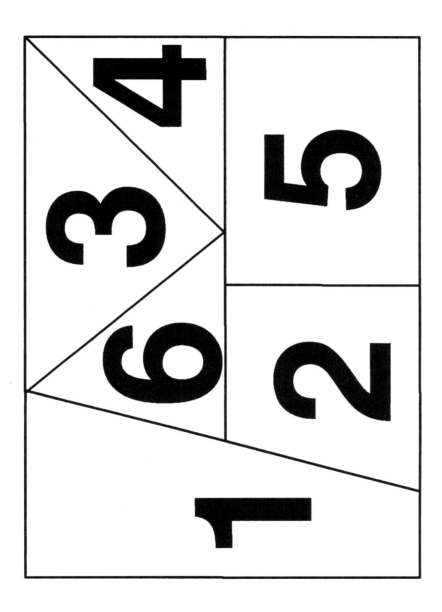

Vorlage für das Saugespiel: Was versteckt sich da?

6.1.2 Materialbogen: Mundformen

6.1.3 Materialbogen: Auf zur Schatzinsel

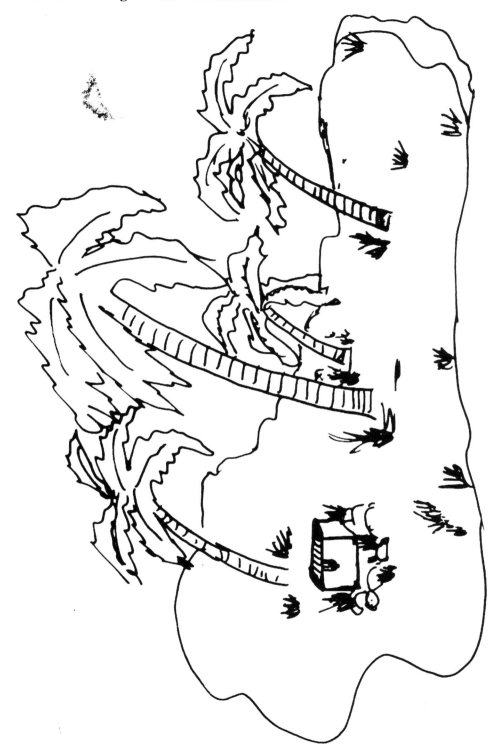

6.1.4 Materialbogen: Luftwirbel

229

6.1.4 Materialbogen: Luftwirbel

LUFT *WIRBEL   aus: Atemspiele

6.1.5 Materialbogen: Pusteschiene

PUSTESCHIENE ©
ENTWICKELT VON V. STRUCK

6.1.6 Materialbogen: Lochtafel

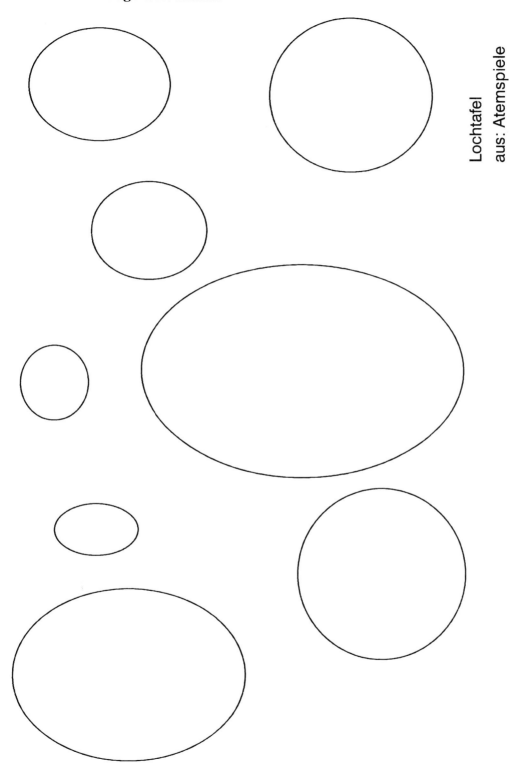

Lochtafel aus: Atemspiele

6.1.7 Materialbogen: Farbenschlangen und Schlangentraum

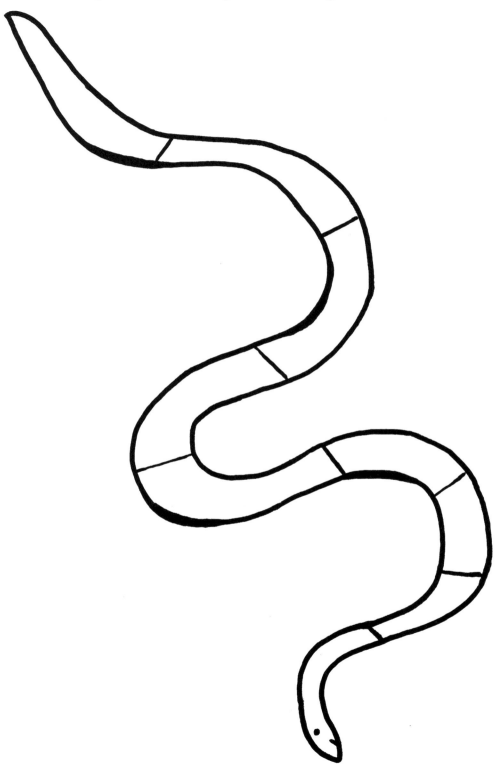

238

6.1.8 Materialbogen: Schlafende Hasen

240

6.1.9 Materialbogen: Gras

6.1.10 Materialbogen: Honig sammeln (Bienen)

6.1.11 Materialbogen: Honig sammeln (Blumen)

245

6.1.12 Materialbogen: Tierstimmen-Wettspiel

6.1.13 Materialbogen: Tierstimmenwürfel

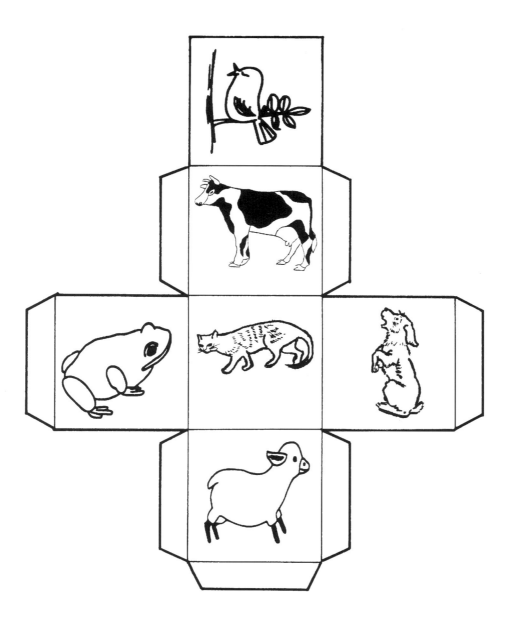

6.1.14 Materialbogen: Echospiel

Spielkarten für Stimm-Spiel: Echo-Spiel

Wo bist Du?	Ist da jemand?
Wie gefällt es Dir?	Komm doch mal' rüber!
Bleibst Du hier?	Wer ruft denn da?
Kannst Du kommen?	Hallo!
Wieviele seid Ihr?	Kannst Du mich hören?
Wie geht es Dir?	Was machst Du?
Geht es Dir gut?	Wie heißt Du?

6.1.15 Mundschlußtabelle

Mundschlußtafel für_____

3 x täglich überprüfen, ob der Mund geschlossen ist:

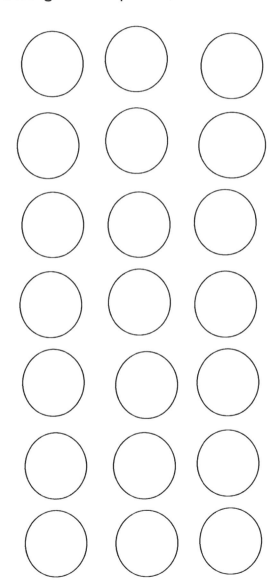

JA

NEIN

6.1.16 Mundschlußtraining

Mundschlußtraining

	morgens	mittags	abends
Sonntag			
Montag			
Dienstag			
Mittwoch			
Donnerstag			
Freitag			
Samstag			

Literatur

Adams, I. Struck, V. Tillmanns-Karus, M. ([6]2002) Kunterbunt rund um den Mund, verlag modernes lernen, Dortmund

Bahnemann, F. (1979) Mundatmung als Krankheitsfaktor in: Fortschritte der Kieferorthopädie (40), S. 117-136, 171-228, 321-344, Urban & Schwarzenberg, München

Bigenzahn, W. (1995) Orofaziale Dysfunktionen im Kindesalter. Grundlagen, Klinik, Ätiologie, Diagnostik und Therapie, G. Thieme Verlag, Stuttgart

Böhme, G. (1997) Sprach-, Sprech-, Stimm- und Schluckstörungen, G. Fischer Verlag, Stuttgart

Bondi, M. (1994) Orofaziale craniozervikale Myotherapie, Quintessenz-Verlag, Berlin

Broich, I. (1992) Mundraum-Seele und Sprache, Hüthig-Verlag, Heidelberg

Broich, I. (1988) Das Mundorgan, K.F. Haug Verlag, Heidelberg

Brügger, A. (1996) Gesunde Haltung und Bewegung, Verlag Brügger, Zürich

Bünting, K.-D. (1996) Deutsches Wörterbuch, Isis-Verlag AG Chur/Schweiz

Burhop, Determann, Dirks, Schmülling (1995) Mundmotorische Förderung in der Gruppe, Ernst-Reinhardt-Verlag, München, Basel

Castillo-Morales, R. (1991) Die orofaciale Regulationstherapie, Pflaum-Verlag, München

Cramer, A. (1995) Kinder fördern durch Sprechen und Singen, Südwest-Verlag, München

Curschellas, C. (Hrsg.) (1993) Muskelfunktionsübungen im orofacialen Bereich, Edition SZH/SPC, Luzern

Damste', P.H. (1986) Eine scheinbare Trivialität – das Gewohnheits-Mundatmen als Ursache von Hörstörungen bei Kindern in: Sprache – Stimme – Gehör 10, S. 116 – 117, Georg Thieme Verlag, Stuttgart

Edel, H. u. **Knauth, K.** (1977) Grundzüge der Atemtherapie, Verlag T. Steinkopf, Dresden

Ehrenberg, H. (1998) Atemtherapie in der Physiotherapie/Krankengymnastik, Pflaum-Verlag, München

Friedrich, G. und Bigenzahn, W. (1995) Phoniatrie, Verlag Hans Huber, Bern

Franke, U. (1987) Artikulationstherapie bei Vorschulkindern, Ernst-Reinhardt-Verlag, München, Basel

Geo Wissen (1997) Sinne und Wahrnehmung, Zeitschrift Geo Wissen, September 1997, Seite 81 und 88-95, Hamburg

Goebel, W. u. **Glöckner, M.** (1984) Kindersprechstunde, Urachhaus, Stuttgart

Goldenberg, D. (1967) Geruchswahrnehmung und Schwellen von Duftgemischen beim Menschen, J.A. Barth Verlag, Leipzig

Glaser, V. (1981) Eutonie, Haug Verlag, Heidelberg

Grevers, G. (1997) Klinikleitfaden Hals-, Nasen-, Ohrenheilkunde, G. Fischer-Verlag, Stuttgart

Haberfellner, H. u. **B. Haffner** (1979/80) Gestörte Mundfunktionen im Kindesalter (1) pädiat. prax. 22, 37-45 und (2) 22, 217-224, Hans Marseille Verlag GmbH, München

Jacobs, D. (1977) Die menschliche Bewegung, Aloys Henn Verlag, Kastellaun

Jacoby, H. (1980) Jenseits von „Begabt" und „Unbegabt", Christians Verlag, Hamburg

Jones, I. u. **Mann, W.** (1985) Orofaziale Dyskinesien und Veränderungen der nasalen, naso- und oropharyngealen Luftwege, in: Fortschritte der Kieferorthopädie 46, S. 113-126, Urban & Schwarzenberg, München

Kempf, H.-D. und **Fischer, J.** (1993) Rückenschule für Kinder, Rowohlt Taschenbuch, Hamburg

Kofler, L. (1897/1977) Die Kunst des Atmens, Bärenreiter Verlag, Basel

Klein-Vogelbach, S. (1984) Funktionelle Bewegungslehre, Springer Verlag, Heidelberg

Leonhardt, H. (1979) Innere Organe, Band 2, Thieme Verlag, Stuttgart

Lodes, H. (1977) Atme richtig, Franz Ehrenwirt Verlag, München

Löscher, W. (1989) Riech- und Schmeckspiele, Don Bosco-Verlag, München

Maelicke, A. (1990) Vom Reiz der Sinne, VCH Verlagsgesellschaft, Weinheim

Mertensmeier, I. (1993) Wenn Kinder dicke Backen haben...., in: Zeitschrift L.O.G.O.S. interdisziplinär Nr. 1, Jahrgang 1, S. 29-31, Fischer Verlag, Stuttgart

Michaelis, H. (1993) Mit Düften sprechen, aus: Zeitschrift Bild der Wissenschaft 7 (S. 58 – 62), Stuttgart

Mogel, H. (1991) Psychologie des Kinderspiels, Springer Verlag, Berlin

Padovan, B. (1976) Die Schluckfehlfunktion, aus: Fachzeitschrift „Ortodontia" Band 9, Nr. 1 und 2 „Myotherapeutisches Training bei Zungenfehlfunktion: Diagnose und Therapie", übersetzt von Dr. H. v. Treuenfels

Parow, J. (1981) Die Heilung der Atmung, Hippokrates Verlag, Stuttgart

Petermann, G. (1996) Stimmbildung und Stimmerziehung, Luchterhand Verlag, Neuwied

Rohen, J.W. (1994) Funktionelle Anatomie des Menschen, Schattauer Verlag, Stuttgart

Rohmert, W. (1991) Grundzüge des funktionalen Stimmtrainings, Zeitschrift für Arbeitswissenschaft, O. Schmidt KG, Köln

Rossberg, E. (1995) Unser Körper: Mund und Zähne, Rowohlt Taschenbuchverlag, Reinbek

Scheufele-Osenberg, M. (1993) Atemschulung, Econ Taschenbuch-Verlag, Düsseldorf und Wien

Schmitt, L. (1966/1981) Atemheilkunst, Humata Verlag, Pforzheim

Schönweiler, R. (1994) Synoptische Betrachtung der Ergebnisse an ....., in Zeitschrift: Folia Phoniatrie Logopädie 46, S. 18 – 26, Karger AG, Basel

Schubert, F. (1990) Fachkunde für Zahnarzthelferinnen, Libromed-Verlag, Duisburg

Schümann, G. (1992) Die Atemschriftzeichen, Florian Noetzel-Verlag, Wilhelmshaven

Seidner, W. u. Wendler, J. (1997) Die Sängerstimme, Henschel Verlag, Berlin

Seyd, W. (1972) Sprache und Bewegung, Neckar-Verlag, Villingen

Seyd, W. (1993) Schwingen und Atemmassage, Neckar-Verlag, Villingen

Stampa, A. (1973) Atem Sprache und Gesang, Bärenreiter Verlag, Kassel

Struck, V. (1990) Sprechwerkzeugkiste, Steiner-Verlag, Leverkusen (vergriffen)

Struck, V. (1992) Atem- und Mundmuskelspiele, unveröffentlichtes Material

Thiele, E. (1997) Myofunktionelle Therapie, Hüthig-Verlag, Heidelberg

Tränkmann, J. (1997) Ätiologie, Genese und Morphologie dyskinesiebedingter Dysgnathien, in Zeitschrift: Sprache – Stimme – Gehör 21, S. 152 – 160, Thieme Verlag, Stuttgart

Vopel, K. (1991) Reise mit dem Atem, iskopress, Hamburg

Waibel, M.J. (1994) Gummimännchen und Schlangenkönigin, Humboldt-Taschenbuchverlag, Jacobi KG, München

Wendler, J./ Seidner, W./ Kittel, G. und Eysholdt U. (1996) Lehrbuch der Phoniatrie und Pädaudiologie, Georg Thieme Verlag, Stuttgart

Wirth, G. (1994) Sprachstörungen – Sprechstörungen, kindliche Hörstörungen, Deutscher Ärzte Verlag, Köln

Zütphen, van T. (1998) Dufte Geschäfte, in der Zeitschrift Focus Nr. 9/98, S. 68, München

Raum für Notizen

Raum für Notizen

Raum für Notizen

Raum für Notizen

Novitäten 8

Wir bringen Lernen in Bewegung® ...

St. Baumgartner / F. M. Dannenbauer / G. Homburg / V. Maihack

Standort: Sprachheilpädagogik

◆ 2004, 308 S., Format 16x23cm, fester Einband, ISBN 3-8080-0578-5, Bestell-Nr. 1929, € 21,50

Verena Bergunde

Satte Lebensart

Hungern macht dick und Leben macht satt Oder: ... wie ich es schaffen kann, meine Kräfte zu nähren und zu einen
◆ 2004, 112 S., Format DIN A5, fester Einband ISBN 3-86145-277-4, Bestell-Nr. 8339, € 15,30

Agnes Ebhardt / Frauke Ebhardt

Neue fröhliche Wege aus der Dyskalkulie

Erfolgreiche Hilfe bei Rechenschwäche und Möglichkeiten zur spielerischen Vorbeugung
◆ 2004, 84 S., Format DIN A5, Ringbindung, ISBN 3-8080-0563-7, Bestell-Nr. 1200, € 15,30

Sabiene Fenske-Deml

Manual für die Durchführung des staatlich anerkannten Examens in der Ergotherapieausbildung

Hier steht's Band 3
◆ 2004, 96 S., Format DIN A5, Ringbindung, ISBN 3-8080-0544-0, Bestell-Nr. 1049, € 15,30

Erhard Fischer

Vorhaben und Unterrichtseinheiten

Lehren und Lernen im Förderschwerpunkt geistige Entwicklung
◆ 4., verb. u. überarb. Aufl. Dez. 2004, ca. 272 S., Format 16x23cm, br, ISBN 3-86145-284-7, Bestell-Nr. 8402, € 21,50

Andreas Fröhlich / Ursula Haupt

Förderdiagnostik mit schwerstbehinderten Kindern

Eine praktische Anleitung zur pädagogisch-therapeutischen Einschätzung
◆ 7., verb. u. erw. Aufl. Nov. 2004, 1 Leitfaden 12 S./10 Entwicklungsbögen je à 24 S., Format DIN A4, geh, ISBN 3-8080-0586-6, Bestell-Nr. 1054, € 19,50

Barbara Giel / Monika Tillmanns-Karus

Kölner Diagnostikbogen für Myofunktionelle Störungen

Mit Handanweisung
◆ Neuausgabe 2004, 32 S., Format DIN A4, Ringbindung, ISBN 3-8080-0556-4, Bestell-Nr. 1924, € 15,30

Gitta Hauch

„Der Doktor hat gesagt, es ist psychosomatisch ..."

Kinderpsychosomatik für Eltern, Therapeuten und alle, die neugierig sind
◆ 2004, 136 S., Format DIN A5, fester Einband, ISBN 3-8080-0581-5, Bestell-Nr. 4324, € 19,50

Christine Leutkart / Andreas Leutkart

Schachtelfresser und Sonnenwürmer

Geschichten und Phantasien als Anlass für kreatives Gestalten in Atelier- und Kunstunterricht
◆ Okt. 2004, 168 S., farbige Abb., Format 16x23cm, fester Einband, ISBN 3-8080-0550-5, Bestell-Nr. 1212, € 21,50

Silvia Maaß

Stärken entdecken – Schwächen erkennen

Ein Förderprogramm für Vorschulkinder – Thema: „Flug ins All"
◆ Okt. 2004, 160 S., Format DIN A4, Ringbindung, ISBN 3-8080-0580-7, Bestell-Nr. 1226, € 24,60

Silvia Maaß

Mit Kindern Bilder zaubern

◆ 2., überarb. u. erw. Aufl. 2004, 208 S., farbige Abb., Format DIN A5, br, ISBN 3-8080-0557-2, Bestell-Nr. 1219, € 15,30

Ingeborg Milz

Rechenschwächen erkennen und behandeln

Teilleistungsstörungen im mathematischen Denken neuropädagogisch betrachtet
◆ 6., völlig neu bearb. u. erw. Aufl. 2004, 392 S., Format 16x23cm, fester Einband, ISBN 3-86145-272-3, Bestell-Nr. 8005, € 25,50

Anke Nienkerke-Springer

Präsent sein (Audio-CD)

Vertreten Sie Ihr Anliegen glaubwürdig und wirkungsvoll – Trainingsprogramm für überzeugendes Sprechen
◆ Nov. 2004, 50 Min. Laufzeit, m. Booklet (20 S.), ISBN 3-8080-0566-1, Bestell-Nr. 1925, € 19,80

Monika Pigorsch

Vorsicht – Altenheim!

Geschichten und Anekdoten über das Leben in der un-freiwilligen Wohngemeinschaft
◆ Okt. 2004, Großdruck, 120 S., Format DIN A5, Ringbindung, ISBN 3-8080-0585-8 Bestell-Nr. 1061, € 15,30

---

verlag modernes lernen *borgmann publishing*

Hohe Straße 39 • D-44139 Dortmund • Tel. (0231) 12 80 08 • FAX (0231) 12 56 40
Unsere Bücher im Internet: www.verlag-modernes-lernen.de

Das Praxisbuch

Iris Adams / Veronika Struck / Monika Tillmanns-Karus

Kunterbunt rund um den Mund

Materialsammlung für die mundmotorische Übungsbehandlung

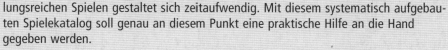

Dieses Buch wendet sich an PraktikerInnen, die nach neuen Spielideen für das orofaziale Muskelsystem suchen.

Im Arbeitsalltag ist es oft mühsam, nach dem Aufstellen der Therapieziele einen Übungsplan zu erarbeiten. Das Suchen nach geeigneten, abwechslungsreichen Spielen gestaltet sich zeitaufwendig. Mit diesem systematisch aufgebauten Spielekatalog soll genau an diesem Punkt eine praktische Hilfe an die Hand gegeben werden.

Die Übungen sind geordnet nach den Förderbereichen Lippe, Zunge, Gaumen, Kaumuskulatur und Kiefer. Weiter wird unterteilt nach den Kategorien Sensibilisierung und Kräftigung. Innerhalb dieser Kategorien findet eine zusätzliche Differenzierung der Übungen in Spiele mit und ohne Material unter jeweiliger Angabe der Anzahl der Mitspieler statt. Zu Beginn eines jeden Kapitels befindet sich eine kurze theoretische Einführung zum Förderbereich. Eine Zielübersicht am Ende des Buches gewährleistet ein schnelles Auffinden von verschiedenen Übungen zu jeweils spezifischen therapeutischen Zielen im orofazialen Bereich.

6. Aufl. 2002, 152 S., 17x24cm, Ringbindung, ISBN 3-8080-0428-2
Bestell-Nr. 1905, € 22,50

Sofort lieferbar durch jede Buchhandlung oder direkt durch den Verlag:

Hohe Straße 39 • D-44139 Dortmund • Tel. (0231) 12 80 08 • FAX (0231) 12 56 40